J. P. コッター
ビジネス・リーダー論

ジョン P. コッター＝著
金井壽宏／加護野忠男
谷光太郎／宇田川富秋＝訳

ダイヤモンド社

THE GENERAL MANAGERS
by
John P. Kotter

Japanese translation rights arranged with
The Free Press, a division of Simon & Schuster, Inc.
through Japan UNI Agency, Inc., Tokyo.

はじめに――ゼネラル・マネジャー、それは行動するビジネス・リーダー

経営戦略、組織、リーダーシップや意思決定など、経営学の多様な分野で、既成の理論に挑戦する新しい研究が盛んに行われている。それらに共通する特徴は、次のように要約されよう。

- 分析的・体系的・計画的なマネジメントよりも、あらゆる問題に適宜対処しうる適応性・柔軟性に富むマネジメントが強調されるようになってきた。
- 一見すると非合理的で、場当たり的で、軽率にさえ思えるようなビジネス・リーダーの行動に秘められた合理性が解明され、認知されるようになってきた。
- きっちりとした戦略やシステムというハードな側面よりも、ビジネス・リーダーの行動スタイル、目に見えない企業文化など、ソフトな側面が強調されるようになってきた。
- 型通りの戦略・方針・指令を提示するだけでなく、それらをうまく伝えるマネジメント・スタイルが注目されるようになってきた。
- 企業内部のきわめて人間的な側面、いかにも人間くさい側面の意義があらためて認識され始めた。

本書は、このような経営学の潮流に沿って、ビジネス・リーダー、すなわち事業統轄責任者《ゼネラル・マネジャー》の行動ス

タイルについて理論的かつ実践的な新分野を切り拓いた先駆的研究の一つである。著者のジョン・P・コッターは、ゼネラル・マネジャー一五名を文字通り密着調査（観察、インタビュー、質問票調査）し、彼らの日常的経営活動における姿に光を当て、従来の抽象論的なマネジメント論や単純化されたリーダーシップ論には見られない、ゼネラル・マネジャーの現実像を鮮明に提示した。企業経営の現場で日々生じる複雑な現象を根気よく調査・分析し、いわば「臨床的」に、新たな理論を構築するというその手法は、ハーバード・ビジネススクールの伝統に根づいている。

近代企業の経営において、ゼネラル・マネジャーには、合理的意思決定モデルだけではとらえきれない、経営の現実、複雑性を解明するという課題が課されている。その点、コッターの得た知見の理論的意義は大きい。読者諸兄が本書を大いに活用され、「行動するビジネス・リーダー」として、日本企業の発展の中核を担うことを期待したい。

二〇〇九年三月

加護野忠男

日本語版への序文

本書は、事業統轄責任者《ゼネラル・マネジャー》に関する詳細かつ体系的な調査で発見された事実を述べたものである。調査はすべて米国で実施されたものではあるが、その結果は少なくとも二つの理由により、日本の読者にも興味深く読んでいただけるものと信じている。

まず、本書は、多くの日本人（西欧諸国の人々、さらには米国人でさえ）が抱いている米国ビジネス界の成功者に関する固定観念が、現実には当てはまらない証拠を示している。米国の有能なゼネラル・マネジャーは、行く手に立ちはだかる者を打ち倒しながら会社から会社へさすらう「カウボーイ」でもなければ、経営学修士（ＭＢＡ）課程で学んだ最新の管理科学に力の拠り所を求めるテクノクラートでもない。むしろ、欧米ならびに日本における歴史上のリーダーたちとの共通点が多くあるのである。

また、日本企業は、よりソフトなマネジメント手法や形式ばらない人間関係に重きを置いている。日本の読者にとって、本書で説明する人的ネットワークの構築能力は米国人以上に重要かもしれない。

私は、本書の米国での反響に非常に満足している。研究書としては、かなりのベストセラーである。より重要なことに、本書は、実務家のみならず、経営学の研究者の考え方を改めるうえでも一役買っているようである。日本においてもまた、本書が積極的な役割を担うことができれば幸いである。

ジョン・Ｐ・コッター

序文

過去六年にわたり、本書の出発点となった調査プロジェクトに関して、多数の人々から好意ある助力を得た。なかでも、この調査に参加してくれたゼネラル・マネジャーの方々、ハーバード・ビジネススクールの研究調査部の委員（リチャード・ローゼンブルーム、レイ・コーリー、ジョアンヌ・シーガル）、ならびに同大学院の組織論分野における首脳陣（ジェイ・ローシュ、ポール・ローレンス）からは格別の助力を得た。

次に挙げる人々は、本書の原稿に目を通して有益なコメントをくれた。ジョー・バウアー、リチャード・ボヤツィス、アル・チャンドラー、ジム・クローソン、アラン・フローマン、ジャック・ガバロ、リチャード・ハマーメッシュ、ポール・ローレンス、ジェイ・ローシュ、モーガン・マコール、マイク・マッカスキー、ボブ・マイルズ、アンドリュー・ペティグルー、ビジェイ・サテ、レン・シュレジンガー、キャロル・シュライバー、ジェフ・ソネンフェルド、ジョン・ステングレビックス、ローズマリー・スチュワート。これらの方々のアイデアにより本書が充実した内容となったことを意義深く思う。

J・P・コッター ビジネス・リーダー論

目次

第2章◉ゼネラル・マネジャーの仕事
──主な課題──53

第4章 ◉ ゼネラル・マネジャーの行動の共通点
——アジェンダとネットワーク——117

第5章◉ゼネラル・マネジャーの行動の相違点――人物像を探る――165

第6章◉ゼネラル・マネジャーの業績向上への教訓——201

序章

人類は長い間、必要な財やサービス、働き口を自分で、あるいは農民、職人、商人、そして地主に頼って手に入れてきた。だが、そうした時代は過去のものとなった。今日、先進国の人々が頼っているのは、事業統轄責任者《ゼネラル・マネージャー》である。

一五〇年前と今日では、事情は大きく異なる。今日、我々の生存や娯楽に必要な財・サービスは、ゼネラル・マネジャーが管理する組織によって生み出され、またビジネスマンのほとんどが睡眠時間を除いた一日の大半をゼネラル・マネジャーの指揮統轄下で過ごす。一五〇年前、そのような人々は一〇％以下であった。一世紀前、ゼネラル・マネジャーから実質的な影響を受けていないと断言できる人はかなりの数いたが、今日そんな人はいない。アルフレッド・チャンドラーは、ピュリッツァー賞を受賞した*The Visible Hand*の中で「このように短期間で、かくも重要な制度にまで発展した例は、世界の歴史上、稀である」[注1]と述べている。

しかるに、その存在が今日および将来の生活において重要性を持つにもかかわらず、現代的な意味でのゼネラル・マネジャーについて我々はわずかな知識しか持ち合わせていない。ゼネラル・マネジャーとはどのような人々なのか、何をしているのか、また彼らの能力の差はなぜ生じるのかについて、あまり知られていないのである。[注2]また、我々が知っている、あるいは知っているつもりでいることの大部分は、ゼネラル・マネジャーの実態についての体系的研究から導かれたものではない。[注3] 企業経営に責任を負う経営者にまつわる体系的研究はさらに少ない。信じ難いことに、一連のトップ・マネジメントに関する詳細な研究は、一九四〇年代後半のスーン・カールソンの研究[注4]と一九六〇年代のヘンリー・ミンツバーグの研究[注5]の二つしかない。ミンツバーグは、自身のその先駆的な研究 *The Nature of Managerial Work* でさえ、「いうところの氷山の一角にしか、光を当てていない」と述べている。[注6]

本書は、この氷山の一角を少しなりとも解明することを目指している。そのため本書では、ゼネラリストあるいはゼネラル・マネジャーについての調査結果とそれが意味するところを検討する。本書でいうゼネラル・マネジャーとは、ある事業を遂行するために、複数の職能と責任を持つ人々のことである。[注7]

本書における調査は、一九七六年から一九八一年にかけて実施した。全米各地の九社から一五人のゼネラル・マネジャーを選び出し、複数の方法によって詳細な観察を行った。今回の調査は、さまざまな基準を考慮して調査範囲を限定したとはいえ、これまでの同種の調査[注8]の中では最も大規模なものである（研究の目的とプロセスについては第1章で説明する）。

調査の対象となった人々

調査の対象者に選ばれたゼネラル・マネジャーが所属する企業とその業種は多岐にわたる（図表0－1参照）。対象者の略歴は第1章に収録した。これは、本書に登場するゼネラル・マネジャーたちのキ

図表0-1◉調査対象者、担当事業、所属企業のプロフィール

15人のゼネラル・マネジャー

- 利益責任を担う
- 複数の職能にまたがる責任を持つ
- 9社より選出
- 米国各地に点在
- 1978年の年収（月給とボーナスの合計）の平均額は15万ドル
- 平均年齢は47歳

ゼネラル・マネジャーの担当事業

	業界	調査対象者の人数
製造業	消費財	1
製造業	ハイテク	2
製造業	その他	3
非製造業	銀行	2
非製造業	コミュニケーション（新聞、雑誌）	3
非製造業	専門職サービス業	2
非製造業	小売業	2
		15

事業部門の年間売上高（1979年）	調査対象者の人数
10億ドル以上	2
1億～10億ドル	3
5,000万～1億ドル	3
1,000万～5,000万ドル	4
100万～1,000万ドル	3
	15

所属企業

事業形態（多角化の程度）	企業数
単一事業	2
専業事業	4
多角化（関連事業）	2
多角化（非関連事業）	1
	9

規模（1979年売上高）	企業数
50億ドル以上	2
10億～50億ドル	3
1億～10億ドル	2
1億ドル以下	2
	9

ャリアを知るのに役立つであろう。

対象者の調査には多大な時間と労力を費やした（一人当たり年間約一カ月）。調査対象者は一五人である。[注9] 対象者ならびに所属企業の選択は、次の三つの基準に従った。

❶ゼネラル・マネジャーの職に就いていること。
❷ゼネラル・マネジャーの仕事を比較的うまく遂行している証拠があること。
❸所属する企業の特徴をほぼ反映した人物であること。

対象者の年齢は三六歳から六二歳までで、平均年齢は四七歳であった。うち七人は学士号取得者で、残りの八人は修士号を取得していた。ヨーロッパ出身者一人を除く全員がアメリカ国籍である。みなアメリカの代表的な宗教のいずれかを信奉していたが、女性とアフリカン・アメリカンはいない（本書の執筆時点でアメリカのゼネラル・マネジャーに占める両者の比率は共に一％未満であった）。対象者の勤務地は、五人がニューイングランド、二人がニューヨーク、四人が中西部、一人が南部、三人がカリフォルニアと、全米各地に散らばっている。全員が既婚もしくは婚約中で、子どもがいる。

一五人のゼネラル・マネジャーは全員、責任ある職務に就いていた。一九七八年の平均報酬（給与とボーナス）は年額約一五万ドルである。だが、権限の大きさには差が見られた。直接・間接の部下が一万人を超えるマネジャーもいれば、二〇〇〜三〇〇人という人もいた。予算一〇億ドル超の事業を担当するマネジャーがいる一方で、わずか二〇〇〜三〇〇万ドルという人もいる。肩書きも多様で、事業本部長が典型的であるが、CEO（最高経営責任者）が一人いた。他は事業部長であった。

所属する企業は、一九五〇年代設立という比較的新しい会社から、二五〇年以上の歴史を持つ老舗までと多彩である。同様に、事業規模も、年間売上高一〇〇〇万ドルの小企業から、同一〇億ドルの大企業まで幅広い。業績はおおむね順調で、倒産寸前というところは一社もないものの、収益性・成長性には違いがあった。分野は、会計監査およびコンサルティング、金融、消費財機器、複写機、百貨店、投資運用、雑誌出版、新聞、（コンピュータ用）プリンターおよびプロッター、ポンプ、化学製品、専門小売業、テレビ、タイヤおよびゴムなど多岐にわたり、アメリカ産業界の主要業種である。

調査対象者とその職務はかくも多様であり、典型的なゼネラル・マネジャー像を語ることは難しいので、三人のマネジャーを簡単に紹介する（詳細は第2章ならびに第3章で説明する）。

三人の代表的ゼネラル・マネジャー

チャック・ゲインズ[注10]は、中西部にある大規模メーカーの事業本部長である。そのメーカーには三つの主力事業部があり、うち一つが彼の担当する事業部で、売上高は数十億ドルにのぼる。彼の年収は一五万ドル以上である。ゲインズの直轄は事業に関わる全職能部門ではないものの職能部門間の調整に責任を負う。

ゲインズは三人兄弟の末っ子として東部の大都市で生まれた。海外で育ち、東部の高校と大学を卒業した。沿岸警備隊での兵役後すぐこのメーカーに入り、しばらくして結婚した。これまで、国内各地、海外三カ国で勤務した。調査当時の一九七九年には、本社の近くに妻と一八歳の長男と暮らしていた（大学生の長女は別居）。

五〇歳のゲインズは、大柄でスポーツマンタイプの体格である。果断で力強く、野心的かつ勤勉で、冷静沈着に事に当たるという印象を受けた。彼は、私が知る多くのゼネラル・マネジャーより強力な権限を持ち、彼自身、その行使を望んでいる様子だった。

ジョン・トンプソンは、東部にある大銀行で法人金融事業部の責任者として五〇〇人の部下を統轄していた。本社勤務の彼は、直接の部下のほか本社スタッフも抱え、当時の年収は約一〇万ドルであった。彼は一九三一年、中西部のメソジスト教徒の家庭に次男として生まれ、東部の小都市で育った。大学卒業後、陸軍の兵役を経て大手メーカーに一〇年間勤めてから、現在の銀行に転職した。調査当時は、結婚して一七年になる妻と二人の子ども（一五歳と一二歳）と共に職場から二五マイル離れた郊外で暮らしていた。

トンプソンは、頭脳明晰かつ精力的で人格も申し分ないゼネラル・マネジャーであり、人を傷つけないユーモアの持ち主であった。ゲインズのように猛烈な野心や強大な権限を持つようには見えなかった。しかし、調査対象となった他のマネジャーと同じく、自分の職務を楽しんでいることは明らかであり、社長の覚えもよかった。

マイケル・リチャードソンは、投資運用会社の社長兼CEOである。同社の従業員約二〇〇人のほとんどが大卒者である。彼の当時の年収は一五万ドルを超えていた。一九三四年、カトリック教徒の家庭に六人兄弟の第四子として生まれた彼は、東部アイビーリーグの名門校でMBAを取得し、投資運用会社を経て、一九六一年に他の四人と共に現在の会社を設立した。ポートフォリオ・マネジャーやマーケティング担当部長として一五年間勤務した後、同社の社長兼CEOとなり、職場から程近い都市に妻と二人の子どもと暮らしていた。

リチャードソンは知的で感受性豊かな洗練された人物であるように見受けられた。ゲインズと同様、彼も長時間に及ぶハード・ワークを常とし、野心家であった。また、トンプソンのようにユーモア感覚にあふれ人格も申し分なかった。

本書の構成

本書では、ゼネラル・マネジャーに関するデータの比較分析で発見されたパターンを、第2章以降で説明していく。各章のテーマは次のようなものである。

第2章　ゼネラル・マネジャーの職務はどのようなものか。職務内容は、状況によってどの程度異なるか。そのような相違点が生じるのはなぜか。

第3章　ゼネラル・マネジャーはどのような人物か。ゼネラル・マネジャーにはどのような共通点、相違点が見られるか。それらは、なぜ生じるのか。

第4章　ゼネラル・マネジャーの行動様式にはどのような共通点があるか。彼らの仕事への取り組み方や日常行動にどのような共通パターンが存在するか。

第5章　ゼネラル・マネジャーの行動様式にはどのような相違点があるか。その原因は何か。

第6章　企業の人材選抜・育成・配置に関して本調査の結果が示唆することは何か。ゼネラル・マネジャーの管理や社内の人材育成について、どのような教訓があるか。マネジメントの理論および研究に対して、本調査の結果が示唆することは何か。

調査対象のゼネラル・マネジャーの何人かは優れた業績をあげていたので（業績の測定方法については第1章を参照されたい）、本書では次のような課題も取り上げる。なぜ一部のゼネラル・マネジャーが優れた業績をあげているのか。業績は、職務内容や事業環境、個人特性、日常行動とどの程度関連するのか。

ほかにも、繰り返し議論されるテーマが五、六点ある。業務量と範囲、職務の多様性と相違点、専門性と適合性、キャリアと能力の発達、「プロフェッショナリズム」が必ずしもあるとは限らないこと、職務の複雑性などである。ある意味それらは、本調査から導かれる結論を要約している。

主要なテーマ

本調査で収集した情報から、ゼネラル・マネジャーの仕事量の多さにだれもが驚くことだろう。第2章で説明するが、ゼネラル・マネジャーに対する要求水準は実に厳しい。ゼネラル・マネジャーとしては初歩的な仕事でさえ、当人たちには知的レベルにおいても対人関係においても、重大な困難やジレンマを引き起こしかねなかった。これが、本調査から明らかとなった第一のテーマである。

第二は、ゼネラル・マネジャーが職務上の要求に対処するために、仕事の場で発揮する個人の特質である。第3章で説明するが、意欲、コミュニケーション能力、あるいは業務知識だけが、ゼネラル・マネジャーとしての成功を決定する唯一の（あるいは主たる）要因であるという証拠は存在しない。むしろモチベーション、対人関係、気質、知能などが重要である。

同様に、行動についても、どれか一つが重要であるということはない。むしろ彼らは、仕事への取り組み方や日常行動に関して多くの工夫を行い、職務上の重要な要求に対処するためにみずからの個人特性《パーソナリティ》を活用していた。これについては、第4章で明らかにする。

本調査の結果を見れば、ゼネラル・マネジャーの仕事の多様性や相違点に驚くはずだ。一五人全員がアメリカ企業のゼネラル・マネジャーであるのに、彼らには類似点より相違点が多い。というのも、職務要求、性格、仕事への取り組み方、日常の行動などに個人差があるためだ。たとえば、似た状況に置かれた二人のゼネラル・マネジャーがいても、彼らの状況はことごとく違う。彼らの個人特性や行動が大きく異なるということもあるかもしれない。第5章では、異なる二人のゼネラル・マネジャーのケースをかなり詳しく比較検討する。

第三は、専門性と適合性に関係する。ゼネラル・マネジャーはみずからを「ゼネラリスト」と見なす傾向があった。彼らはみずからのマネジメント能力が高いと信じ、実際、一五人全員が、モチベーション、能力、知識、および対人関係のすべての面で高度の専門性を有していた。その個人特性のおかげで、彼らは特定の状況下での諸要求に対して適切な行動をとることができた。非常にやっかいな職務上の要求に彼らがうまく対処できるのも、こうした専門性と適応能力によるところが大きい。

第四は、ゼネラル・マネジャーたちの長年にわたるキャリアと能力の発達に関連する。ゼネラル・マネジャーに対する広範かつ多様な職務上の要求、個人特性および行動を理解するためには長期的な視点が必要だ。職務上の要求の内容には、五〇〜一〇〇年前から見られるいくつかの傾向が影響する。職務遂行に役立つ個人特性は、それまでの人生——少年時代、学生時代、初期のキャリア——を通じて発達する。そのため、ゼネラル・マネジャーの基本的な行動様式は過去に深い根を張っており、時間と共に大きく変化するということはない。

第五のテーマは、「プロフェッショナル・マネジャー」についての従来の一般的な見方が、現実の有能な経営幹部に当てはまるかどうかという点である。最近、ある著者が示唆したように、プロフェッショナル・マネジャーが特定の事業に関する詳細な知識や特定の事業に関わる人々との密接な関係によってではなく、普遍的な原理や技術によってすべてを管理する能力を有する人であるならば、また、プロフェッショナル・マネジャーの仕事が体系的、能動的、理性的な方法で正式な戦略や組織機構を構築することであるならば、本調査における有能なゼネラル・マネジャーのだれ一人としてこれに該当する者はいない。彼らは「非プロフェッショナル」ということになる。それにもかかわらず、彼らの行動は非常にうまく機能していた。それは、今日のゼネラル・マネジャーという複雑な職務を現実的に捉えれば、容易に理解できるはずだ。[注11]

最後に、第六のテーマは、「理解可能な範囲内での複雑さ」とも呼ぶべきものに関連している。複雑性は本書における重要なテーマの一つである。本調査の結果は、マネジメントの教科書に書かれた概念を通用させなくするほどの複雑さがゼネラル・マネジャーの仕事に存在することを示している。それは、ゼネラル・マネジャーでさえ、みずからの行動とその理由、また、その行動の有効性について説明できなかった。マネジャー自身ですら理解することが難しい。事実、後述するように、成功するゼネラル・マネジャーでさえ、みずからの行動とその理由、また、その行動の有効性について説明できなかった。[注12]

このような複雑さが存在するにもかかわらず、そこには多数の興味深いパターンが見て取れる。彼らのマネジメント手法は、科学よりはるかにアートに近いのだが、明確に識別できるパターンが多数存在するのである。つまり、この重要な現象を体系的に研究し、普遍的な結論を導くことは可能なのだ。

ゼネラル・マネジャーの職務、その人物像、行動とその成否を理解するためには、じっくり時間をかけて系統的に議論を進める必要がある。その第一歩として、ゼネラル・マネジャーの職務自体を概観することから始めよう。[注13]

第1章 調査の概要

The Study

1 調査の目的とプロセス

調査の目的

今回の調査の目的はかなり広範にわたる。当初は、次のような研究課題を念頭に置いていた。

- 事業統轄責任者《ゼネラル・マネジャー》の職務とは、現実にはいったいどういうものか。ゼネラル・マネジャーの職務にはどのようなことが要求されるか。ゼネラル・マネジャーの種類、事業環境、企業形態によって、職務上の要求は、どの程度、またどのように違うか。なぜそのような差が生じるのか。
- どのようなタイプのゼネラル・マネジャーが成功しているか。成功者はどのように見分けられるか。彼らはなぜ、成功しているのか。有能なゼネラル・マネジャーの個人特性には、状況によって、どのような違いが、どの程度あるか。なぜそのような差が生じるのか。
- 有能なゼネラル・マネジャーにはどのような行動特性があるか。彼らはどのように職務に取り組み、日常的にどのようなことを行っているか。なぜ、そのように行動するのか。状況によって、彼らにどのような違いが、どの程度あるか。なぜそのような差が生じるのか。

本調査は、ある特定の職務に就く人々についての先駆的研究である。厳密に言えば、マネジメント全般についての研究に留まるものではない。通常それは、手法（産業・競争分析など）や概念（戦略など）、方針（統制の幅など）といった観点から追究される。もちろん本調査の結果にはマネジメント全般に関する論点も多いが、調査の焦点はそれだけではない。同様に、あらゆる階層のマネジャーについての調査でもない。調査結果の多くは、現代の企業組織で管理職や専門職に広く適用することができるかもしれないが、調査の焦点は、より絞り込まれたものである。

このような研究課題を追究するために、調査計画は、マネジャーに関するこれまでの研究[注1]に対する私自身の解釈や、一九七〇年代の私自身の研究[注2]に基づいて立案した。この研究には、ゼネラル・マネジャーの職務内容、各マネジャーの経歴や個人特性、行動特性とその影響や結果などについての情報を集めるために、観察、インタビュー、質問票、関連書類の収集など膨大な作業が必要であった。[注3]

◉調査の手順

調査対象者を絞り込み、一二社の社長に調査依頼状を送ったところ、三社に断られた。何とか調査対象企業を決め、窓口となる人々の協力を得て、一社につきゼネラル・マネジャー一～三人の協力を取りつけた。そして、まずは一～二時間の面談で彼らの状況をヒアリングして、調査計画を立てた。面談では、ゼネラル・マネジャーの職務内容、会社と業界に関する文書情報を提供してもらった。具体的には、組織図、製品概要説明書、年次事業計画ないし五カ年事業計画、会社と業界全般、ゼネラル・マネジャー自身に関する雑誌記事ならびに書籍などである。

一～三カ月後、ゼネラル・マネジャーを再び訪ね、まる三日間行動を共にした。この訪問に先立ち、当人から収集した情報をすべて頭に叩き込んだ。訪問中は彼と常に行動を共にして見聞きすることをノートに書き込んだ。会議にも同席した。彼が自分の机で社内便や郵便物に目を通している時も、すぐそばで観察した。出張にも同行した。

それ以外の時間は、ゼネラル・マネジャーの部下、上司、同僚のなかから目ぼしい人物一〇人くらいを選び、彼についてのインタビューをした。もちろん、ゼネラル・マネジャー本人にもインタビューをした（本章2参照）。本人へのインタビューは機会を見つけて数回、一人当たり平均三～四時間行った。夫人も交えて夕食の席で語り過ごしたことも二、三度ある。調査が終了間近になると、二つの質問票を渡して（本章3参照）、後日回答を郵送してもらうように頼んだ。

四～七カ月後、前回の訪問で得た情報や質問票を分析したうえで、再度ゼネラル・マネジャーを訪問し、一日半から二日間かけて調査した。三度目の調査では、前回見落としたゼネラル・マネジャーの周囲の重要人物にインタビューを行ったほかは、前回と同じく、ひたすら当人の観察やインタビューを行い、終了間際には、典型的なスケジュールのコピーを十数枚入手した。最終訪問の後は、収集した情報を分析し、ゼネラル・マネジャーの置かれた状況についての簡潔な概要を記述した。

◉調査方法の具体例

調査の手順は、ゼネラル・マネジャーによって異なる。大手銀行のジョン・トンプソンのケースで説明しよう。一九七八年六月、トンプソンが勤める銀行の頭取に本調査の依頼状を送った（図表1－1参照）。銀行を選んだのは、金融サービス機関が現代経済の大きな担い手だからだ。その銀行はハーバード・ビジネススクールと良好な関係を築いていたため、快く調査に参加してくれる可能性が高かった。

二カ月後、本社人事部長から、暫定的だが調査協力に同意するという回答を得た（二週間以内に快諾する企業もあれば、回答まで四カ月を要した企業もあった）。まずは話を聞きたいというので、数週間後、私はこの銀行を訪ねた。この面会の目的は、私の信頼性を推し測るものであると思われたので、私はそのことを肝に銘じて誠実に振る舞った。面会では、調査研究に関する人事部長の質問に答え、銀行内で調査に協力してくれそうな二人のゼネラル・マネジャーを選んだ。選択基準は次の三点であった。

❶二人が異なる部署のゼネラル・マネジャーであること（リテール担当と法人担当）。
❷二人が調査に協力してくれること。
❸二人の上司が調査に協力してくれること。

図表1-1◉**調査依頼状**

拝啓

このたび、ハーバード・ビジネススクールの研究調査部の基金により、ゼネラル・マネジャーに関する3年計画の調査プロジェクトを私が主任として実施することになりました。研究調査の目的は、15名のゼネラル・マネジャーの真の姿を明らかにすることです。具体的には、ゼネラル・マネジャーはどのような人か、どのように職務に取り組んでいるか、日々何をしているか、どのような問題に直面しているか、その問題にどのように対処しているかについて知ることであり、また、ゼネラル・マネジャーへの要求や付随要因、この職務をうまくこなしている人物のタイプ、この職務を効率よくこなすうえでの行動の共通点、ならびに企業環境や事業環境が異なることでこれらすべてに生じる相違点について詳しく調べることです。

貴社におかれましても、この調査にご協力くださるゼネラル・マネジャーの方2、3名の訪問調査にご協力いただきたく、何とぞお願い申し上げます。調査は期間6カ月を予定しております。調査期間中、3回にわたり2日間ずつ私どもがそちらを訪問し、ゼネラル・マネジャーの話を伺ったり、仕事ぶりを観察させていただいたり、また、その方と緊密な関係をもって仕事をしておられる方々とも短い面談をさせていただきたく存じます。一人ひとりのゼネラル・マネジャーに対する私の観察結果の要約を、ご本人にお渡しいたしますと共に、全般的な調査の結果を、調査にご協力いただいた皆様ならびにご協力企業にご覧いただけるようにいたします。

調査協力をご快諾いただければ、調査の概要ならびに対象者についてご相談に伺いますので、手紙か電話（617-495-6373）でご通知くださいますようお願い申し上げます。また、詳細についてご不明の点があればその折にお答えします。調査へのご同意があれば、ご推薦いただいたゼネラル・マネジャーご本人には私どもからご連絡を差し上げます。

ハーバード・ビジネススクールが、マネジャー育成において指導的地位を発揮するためにも、私どもとしましては、皆様の寛大なご支援を必要とする次第でございます。重ねてご協力のほどお願い申し上げます。

敬具

二週間後、ゼネラル・マネジャーのうち一人が協力を快諾してくれた。しかし、もう一人、つまりトンプソンは、人事部長を通じて、私と会ってから調査に協力するかどうかを決めたいと知らせてきた。九月になって、トンプソンのオフィスで短時間会った。またしても私の信頼性が決め手のようだったが、一時間半ほど雑談して、彼は協力することに同意してくれた。私は、彼の経歴（職歴、現在の家族状況）や事業（規模、取扱商品）にまつわる広範な質問をし、どのような情報が本調査に役立つかを一緒に考えた。それから、多数の商品パンフレットやこの銀行の年次報告書等の書類を入手した。そして、一九七九年春に調査を行う同意を得た。

訪問調査は一九七九年二月に三日間かけて行うことになった。トンプソンの秘書は、彼の上司や直属の部下をはじめ、仕事上緊密な関係にある行内の八人に対して、三〇～六〇分のインタビューを手配してくれた。スケジュールを決める際、私は秘書に三つの条件を提示した。

❶行内の雰囲気を肌でつかむために、初日はインタビューを行わない。行う場合は人数を最小限に抑えたい。

❷インタビューによる疲労を防ぐため、連続して四人以上の面談は避けたい。

❸トンプソンがスケジュール上、重要案件を抱えている場合は面談を行わない。

私は、あらかじめトンプソンから得た資料すべてを調査した。

二月五日、私はニューヨークへ飛び、その晩はホテルに泊まった。翌朝八時二五分頃、銀行に着いた。トンプソンは部下のジム・ラーソンと共に八時三〇分に銀行に着いた。トンプソンは私をラーソンに紹介し、彼らは約一五分間話をした。私は椅子に腰かけ、二人の会話をノートにメモする。ラーソンが去ると、トンプソンはその日のスケジュールを簡単に説明してくれた。そして、自分の机に積み上げられた書類に目を通し始めた。このようにトンプソンがだれとも話をしていない間、私は自分のノートの抜けた部分を補う作業に時間を費やした。この時は彼の部屋の見取り図を書き、広さや装飾、椅子の配置などをメモした。

九時五分、トンプソンは秘書のジーン・パーマーに細かい指示を与えた。九時一〇分に電話がかかってきた。九時一五分には、経理部門のバッド・カーソンを呼び出し、カーソンが作成している第4四半期決算の報告書について話し合った。九時二〇分にカーソンが退室し、代わって部下のトニー・ブラウンがやってきた。ブラウンの体調について少し話をした後、トンプソンは二つの案件を持ち出した。九時三〇分、ブラウンが退室した。

初日はおおむねそのような調子であった。トンプソンは仕事を続け、私はノートを取った。私が初めて会う人が来ると、トンプソンは、相手に応じて私を紹介してくれた（同僚や上司には、時間をかけて紹介した）。また、その日は、問題融資の現況を検討する会議、スタッフ全員参加の一時間半に及ぶ月例会議、業績不振の営業地区のてこ入れ策を検討する会議などもあった。終業時間の五時半までに、私のノートは五〇ページに及んだ。

翌日、トンプソンと同じく私も八時半に銀行に着いた。我々は電話がかかってくるまでは、前日の出来事について話をした。この日、トンプソンに同行した時間帯以外に、私は四時間近くかけて、行内の人々に空き部屋でインタビューをした。全員が快く、率直に話をしてくれたように思う。一人ひとりに、トンプソンの人となり、行動、マネジャーとしての有能さを話してもらい、さらに、彼ら自身のこと、各自の職務、銀行や所属部門について尋ねた。トンプソンのこの日の主な出来事は、顧客との会合、融資問題についての会合、業績不振の従業員についての話し合いなどである。五時一五分までに、またもやノートは五〇ページに及んだ。

三日目も二日目とだいたい同じ調子であった。この日の終業間近に、私はトンプソンに二つの質問票を手渡した。一つはゼネラル・マネジャーの家庭環境、学歴、職歴に加えて、職務内容や待遇、会社への満足度、生活様式や家庭への満足度に関する情報を引き出すものである。もう一つは、好き嫌い、態度、価値観などの個人的選好を尋ねるものであった（本章3参照）。トンプソンには、この質問票に回答して二〜三カ月以内に返送してくれるよう頼んだ。

五月の初め、私はトンプソンに電話をかけ、六月に二日間の日程で最終訪問をする約束をした。この訪問の直前、私は最初の訪問時に取ったノートやトンプソンが返送してくれた質問票を読み返した。六月一八日、まずは前回の訪問以降に銀行で起こった出来事について一時間近く話を聞いた。この二日間、トンプソンのスケジュールの合間に何とか三時間ほど見つけて、彼の経歴、職歴、職務への取り組み方、事業や組織、職務そのものについて幅広く質問をした。残りの時間は、第一回目の訪問時と同じく、すべての会合、外出に同行した。二日目が終わる頃、トンプソンは、私がこの間見聞きしたことで注目すべき点はあるかと尋ねた。私はいくつかの所見を述べ、我々はそれらについて話し合った。そして、私は彼のスケジュール帳の十数ページのコピーを取らせてもらった。私は彼の協力に対して感謝を述べ、研究の進捗状況を適宜報告することを約束した。

●調査プロセスを振り返って

例外は数件あるものの、[注4]調査を通じて一五人のゼネラル・マネジャー全員に関する同種の情報が手元に残った。情報源が多様であったから、妥当性をチェックできたし、対象者たちが調査を意識してよく見せようと振る舞っているかどうかも見分けがついた。

情報は、経歴、個人特性、行動、業績、目標のほか、職務、組織、事業、業界など広範囲に及んだ（図表1－2参照）。調査終了時点で、各ゼネラル・マネジャーに関するファイルは一〇～二〇センチの厚さになった。

調査担当者、つまり私自身にとって最大の問題は体力であった。ゼネラル・マネジャーに終日付いて回る日は、体力的に相当きつかった。調査において私が受け持つ役割の性質上、仕方がないとはいえ、一〇〇ページもノートを取ることが度々あった。

面倒ではあったが、当初心配していたほど、ゼネラル・マネジャーと接触する機会をつかむのは難し

図表1-2◉調査手順の概要（ゼネラル・マネジャー1人につき）

データ収集方法

❶ゼネラル・マネジャーへのインタビュー
——合計約100時間
❷ゼネラル・マネジャーと共に仕事をする人々へのインタビュー
——合計約200人
❸活動中のゼネラル・マネジャーの観察
——合計500時間以上
❹関連書類（5年計画書、職務説明書、スケジュール帳、年次報告書等）の収集
——約5,000ページ相当
❺質問票
——ゼネラル・マネジャーが記入した2つの質問票

収集データの内容

❶ゼネラル・マネジャーの経歴について
❷ゼネラル・マネジャーの個人特性について
❸ゼネラル・マネジャーの職務について
❹事業と組織環境について
❺ゼネラル・マネジャーの行動について
❻行動の結果について

データ源とデータ内容との関係

	データの種類				
データ源	経歴	個人特性	職務とその状況	行動	行動の結果
質問票	**	**		*	*
観察		*	*	**	*
スケジュール帳				*	
周囲の人々へのインタビュー	*	**	**	**	**
マネジャー本人へのインタビュー	**	*	*	*	*
入手可能な文書情報			**		**

**:主たるデータ源
*:副次的データ源

いことではなかった。断られたのはほんの数人、三社だけである。観察者、面接者として快く受け入れてもらうことのほうが難しかったが、ゼネラル・マネジャーに信頼してもらえれば、周囲の人々もたいてい私を仲間の一員として扱ってくれた。苦労したのは、同行を許可してもらうことだった。一五人中三人だけは、私がすべての会合に参加することを許さなかった。一人には二つの会合から締め出され、別の一人には四つの会合、三人目には一つの会合への同席を拒否された。それらはいずれも、上司との会合であった。

ゼネラル・マネジャーへの最後の訪問は、一九七九年八月だった。その直後から、収集した膨大な情報を整理するという、長期間に及ぶ作業が始まり、終了まで二年近くを要した。

2 インタビューの手引

ゼネラル・マネジャー周辺の人々に対するインタビューの手引

ゼネラル・マネジャー本人以外の人へのインタビューは、一人当たり約一時間かけて次の質問をした。

❶あなたの経歴をお聞かせ下さい。今の会社に勤めて何年になりますか。当該ゼネラル・マネジャーとの付き合いは何年になりますか。仕事で現在直面している最大の問題、あるいは課題は何ですか。
❷当該ゼネラル・マネジャーが仕事をする状況を真に理解するには、この事業と組織についてどんな事柄を押さえておく必要がありますか。
❸結果の良し悪しは別にして、当該ゼネラル・マネジャーが職務としてやった重要な仕事は何ですか。なぜ彼はそれをしたのでしょうか。それはどのような影響を及ぼしましたか。
❹あなたは普段どのように彼と接触していますか。接触頻度はどれくらいですか、その理由は何ですか。その時、彼は何をしていますか。具体例を挙げてください。
❺あなたは彼を、マネジャーとして、また人間としてどう評価しますか。
❻あなたは彼の業績をどう評価しますか。その理由は何ですか。

◉ゼネラル・マネジャー本人に対するインタビューの手引

ゼネラル・マネジャーへのインタビューは、三〜五回に分けて一人当たり延べ四〜五時間かけて行い、次のような質問をした。

❶あなたの携わる事業のカギとなる特性を教えてください。

❷あなたの組織について説明してください。

❸あなたの職務を説明してください。職務をうまくこなすためには、何が必要でしょうか。

❹あなたがこの職務に就いてから起こった重要事項を時系列で述べてください。あなたはその時どのように対処しましたか。それはなぜですか。どのような効果がありましたか。どんな問題が起こりましたか。あなたは、それらの問題をどのように処理しましたか。

❺過去数年間で、あなたが下した最も困難な意思決定は何ですか。

❻過去数年間の生活のなかで、何が最良で何が最悪でしたか。

❼あなたはこの職務を、どの程度効果的にこなしていると思いますか。そう答える具体的理由は何ですか。あなたの業績指標を聞かせてください。それを効果的にやるうえで一役買ったのは、職務そのものですか、それとも職務状況でしょうか。どういう状況ならもっとうまくやれたと思いますか。なぜあなたはそうしなかったのですか。

❽あなたのマネジメント手法を説明してください。それは過去五年から一〇年にかけて、どのように変化してきましたか。

❾あなたが、職歴を通じて、また人生において、達成しようとしている事柄は何ですか。

❿本日見受けられた出来事についてお尋ねします。××の時、あなたは何をしようとしたのですか。その目的は何ですか。あなたはなぜそのような方法をとったのでしょうか。

⓫本日見受けられた出来事は、よくあることですか、珍しいことですか。

3 ストロング－キャンベル職業興味調査質問票(SCII)

本調査では二つの質問票を使用した。一つは、標準的な質問票で、もう一つは本調査のために特別に用意したものである。これらについて、本調査対象者全員からの回答を得た。

SCIIテストには、多様な職業、学科、活動、趣味、人のタイプに関する個人的選好（好き、嫌い、無関心）を引き出す三〇〇以上の質問項目が含まれる。したがって、SCIIテストの目的は、個人の興味や意見などについてのデータを収集することであり、個人の知能、適性、スキルに関する情報を引き出すことではない。SCIIテストは個人の興味に関する情報から、❶全般的な職業目標、❷基本的な興味の度合い、❸職業尺度という三分野の得点を算出する。これによって、テストを受けた人々の興味を一般の男性、女性、あるいは銀行家、広告担当重役などの特定の職業における男女と比較する。

◉職業上の特性

職業尺度によって、回答者は、男女別の職業集団（たとえば女性銀行家、男性エンジニア）に特有な興味の度合いと自分の興味が、どの程度類似するかがわかる。尺度は、次の方法で一〇〇以上作られた。

❶満足する職業に従事し、その職業に三年以上在職している男女（平均在職年数は一〇〜二〇年）、約一五〇〜四五〇人を対象とする。

❷この人たちにSCIIテストの三二五項目の質問に回答してもらった。

❸この人たちが一般人より極端に多く、あるいは少なく選好した項目はすべて、その職業集団向けの尺度の作成に使用された。

❹その職業集団で平均的な人を五〇点[注5]とし、集団の三分の二が四〇〜六〇点の間に入るように尺度を標準化した。

このようなプロセスを経て、回答者が特定の職業に際立つ選好をするほど、その尺度における回答者の得点が高くなった。たとえば、回答者Aが質問項目二一七番に対し、「都市に住むことが好き」と記入したとする。そして、男性建築家の基準集団が、偶然にも同じ選択肢を他の人よりも多く選んだとしよう。その場合、男性建築家の尺度におけるAの得点は、そのぶん上がることになる。もしAが、男性建築家が選んだ選択肢（ある項目に対する好き・嫌い・無関心）で、他の人が選択しない選択肢を繰り返し選んだ場合、男性建築家の尺度における最終得点は四五点かそれ以上に高くなると考えられる。このことは、Aと建築家のグループは共通の態度を示しており、彼らには何らかの共通の選好があるということを示しているのである。

ある職業に従事する人々の選好と同じものが多いということは重要である。なぜなら、職業の選択やその職業を続ける意思決定のそのような共通性は調査と結びついているからだ。[注6]適切な水準の能力があれば、その職業群の他のメンバーと同じ選好を持つ人、つまり、考え方が同じ人たちは、その職業集団に受け入れられ、楽しく仕事をしてその道で成功する可能性が高い。

他の尺度

SCIIは、基本的興味や職業全般にわたるデータも提示してくれる。これらは、職業尺度によるものと比べると、その得点によって初めて気づかされることは少なく、あまり意味があるとは思えなかった。これらの得点についての詳しい説明、ならびにこのテスト全体については、「ストロング－キャンベル職業興味調査質問票の手引書」[注7]を参照されたい。

経歴に関する質問票

図表1－3は、本調査対象のゼネラル・マネジャーに記入してもらった経歴に関する質問票である。

4. 出身地

成人するまで（18歳まで）暮らした場所と時期を記入してください。

場所	時期

5. 学歴

	高校	大学	大学院
•学校名			
•専門分野			
•学級でのおよその成績順			
•課外活動（ポジション名も記入）			
•表彰、受賞など			

6. 職歴

•学生時代のアルバイトについて記入してください。

•兵役の経験がありますか？　ある場合はその期日、部隊名、階級を記入してください。

•常勤雇用の職歴

期間	会社名	職務内容

図表1-3◉経歴に関する質問票

極秘

ゼネラル・マネジャー研究プロジェクト 経歴に関する質問票

ハーバード・ビジネススクール
1977年秋

お願い：すべての質問に完全にお答えください。ご回答を明瞭にするうえで必要があれば、余白もご自由にお使いください。ご記入に要する時間は約30分です。

1. 生年月日と出生地

年　月　日　国　州　市

2. 両親

	母親	父親
•健在／死亡（死亡の場合その日付）		
•学歴（最終学歴または取得学位）		
•職業		
•信仰		
•成長過程で、家庭において両親それぞれからどの程度の影響を受けましたか？		
•成長過程で、両親それぞれにどの程度親密さを感じていましたか？		

3. 兄弟姉妹

異母〈父〉兄弟、義理の兄弟などはその旨も明記してください。

氏名	年齢	学歴	職業

11.現在の職務

•現在の職務でどのような責任を負っていますか?	
•現在の職務にはどのような権限が与えられていますか?	
•1週間の平均勤務時間は?(自宅での仕事も含む)	
•勤務時間のうち1人で過ごすのは平均何%ですか?	
•1カ月に平均何日間、仕事による泊まりがけの出張がありますか?	

12.全般

•以下の項目について、現在の満足度は?(各質問について9段階評価をしてください)

	きわめて不満	非常に不満	不満	多少は不満	普通	多少は満足	満足	非常に満足	きわめて満足
a.現在の職務	1	2	3	4	5	6	7	8	9
b.あなたの組織(会社)	1	2	3	4	5	6	7	8	9
c.昇進	1	2	3	4	5	6	7	8	9
d.家庭	1	2	3	4	5	6	7	8	9
e.生活様式	1	2	3	4	5	6	7	8	9
f.生活全般	1	2	3	4	5	6	7	8	9

•現在の生活で緊張やストレスをどれくらい感じていますか?(5段階評価をしてください)

1	2	3	4	5
まったくない		いくぶんあり		非常に多い

•身体の状態をどのように感じていますか?(5段階評価をしてください)

1	2	3	4	5
悪い	普通	良好	かなり良好	きわめて良好

7. 健康状態

•過去に患った重病、事故、手術を記入してください。	
•現在、医者にかかっていますか？	
•（医者にかかっている方のみ）何の治療ですか？	

8. 家族

•結婚していますか？（既婚の方は結婚した年月日を記入してください）	
•それは初婚ですか？（そうでない場合、他の結婚年月日を記入してください）	
•子どもはいますか？（いる場合は性別と年齢を記入してください）	
•配偶者が常勤かパートタイムの仕事をしていればその旨を記入してください。	

9. 仕事外の活動

オフタイムをどのように過ごしていますか？
（趣味や所属する団体も必ず記入してください）

10.通勤

•どこに住んでいますか？

•通勤距離は？

•通勤手段は？

•通勤時間は？

4 一五人のゼネラル・マネジャーの略歴

本調査対象のゼネラル・マネジャー一五人の現職、職歴、経歴、家族状況は次の通りである（現職の肩書きは一九八二年当時）。

ジェラルド・アレン

現職
ニューヨーク銀行のリテール事業本部長（三〇支店を管轄する）

職歴
- ニューヨーク銀行、二年間、見習
- ニューヨーク銀行、五年間、支店長
- ニューヨーク銀行、四年間、リテール事業部貸付担当部長
- ニューヨーク銀行、三年間、リテール事業本部長

経歴
- 一九四二年、コネチカット州に生まれる。二人兄弟の一番目
- コネチカット州で育つ
- 父親は弁護士
- ニューヨーク州立大学にて文学士号取得
- コネチカット大学にてＭＢＡ取得

家族状況

- 一九六七年結婚、後離婚
- 本調査中に再び婚約する
- 二児の父親

ボブ・アンダーソン

現職

ロサンゼルス・トリビューン社所有（後にマグネット通信社所有）の郊外諸地域の新聞を統轄するバランジャー新聞社の社長

職歴

- フリーポート新聞社、三年間、広告営業担当マネジャー
- 大学院、二年間
- ジョンソン出版社、二年間、少刊行部数の新聞二紙の出版部長
- ジョンソン出版社、五年間、少刊行部数の新聞五紙ならびに商業用印刷業務担当部長
- ロサンゼルス・トリビューン社、二年間、バランジャー新聞社発行人
- ロサンゼルス・トリビューン社、五年間、バランジャー新聞社社長

経歴

- 一九三七年、シアトル市に生まれる。三人兄弟の一番上
- シアトル市で育つ。テレビ局や出版社で働く母親に主として育てられる
- ジャクソン大学（ワシントン）にて理学士号取得
- ワシントン大学にてＭＢＡ取得

家族状況

- 一九六一年結婚

・二児の父親

ジョン・コーエン

現職

アメリカン・デパートメント・ストアーズ社所有の専門店の全国チェーン、フェデラル・スペシャルティ・ストアーズ社の会長兼ＣＥＯ

職歴

・ホーリー・クロザーズ社（専門店）、一年間、見習
・ベニントンズ社（専門店）半年、見習
・フェデラル社、四年間、仕入係
・フェデラル社、四年間、商品企画部長
・フェデラル社、三年間、店長
・フェデラル社、三年間、社長
・フェデラル社、半年、会長兼ＣＥＯ

経歴

・一九三九年、カリフォルニア州に生まれる。三人兄弟の二番目
・カリフォルニア州で育つ
・父親は専門店を経営
・プリンストン大学にて文学士号取得
・短期間、陸軍で兵役

家族状況

・一九六三年結婚、一九六六年離婚

- 一九六九年再婚
- 二児の父親

ダン・ドナヒュー

現職

大手消費財会社、ファイネスト・プロダクツ社のジョーデール事業本部長

職歴

- ファイネスト・プロダクツ社、一年半、管理者養成プログラムで研修（ニューヨーク）
- ファイネスト・プロダクツ社、一年間、地区販売部長（オハイオ）
- ファイネスト・プロダクツ社、三年半、支店長（ニューヨーク）
- ファイネスト・プロダクツ社、一年半、国際マーケティング・コーディネーター
- ファイネスト・プロダクツ社、二年間、マーケティング部長（パリ）
- ファイネスト・プロダクツ社、二年間、国際マーケティング担当部長（ニューヨーク）
- ファイネスト・プロダクツ社、二年間、紙製品事業部ヨーロッパ担当部長
- ファイネスト・プロダクツ社、一年間、社長付
- ファイネスト・プロダクツ社、半年、ジョーデール事業本部マーケティング部長
- ファイネスト・プロダクツ社、二年間、ジョーデール事業本部長

経歴

- 一九三七年、バーモント州に生まれる。三人兄弟の一番上
- ニュー・ハンプシャー州で育つ。両親の死後、親類により育てられる
- ニュー・ハンプシャー大学にて理学士号取得

家族状況

- コロンビア大学にてMBA取得
- 一九五九結婚
- 三児の父親

フランク・フィローノ

現職

アメリカン・デパートメント・ストアーズ社が南西部に所有する百貨店チェーン、テニントン百貨店の社長兼CEO

職歴

- クランストン百貨店、二年間、見習・仕入係補佐
- クランストン百貨店、二年間、仕入係
- ピーターソン百貨店、一年間、仕入係
- ピーターソン百貨店、二年間、店長
- ピーターソン百貨店、二年間、商品企画事業部長
- ピーターソン百貨店、一年間、商品企画事業本部長
- アメリカン・デパートメント・ストアーズ社、一年半、フェーブル事業部長
- アメリカン・デパートメント・ストアーズ社、一年半、フェーブル事業本部長
- アメリカン・デパートメント・ストアーズ社、一年半、テニントン百貨店社長兼CEO

経歴

- 一九四二年、ジョージア州に生まれる。四人兄弟の三番目
- ジョージア州で育つ

家族状況

- 父親は獣医
- ジョージア州立大学にて理学士号取得
- ジョージア工科大学にてＭＢＡ取得
- 一九六五年結婚
- 四児の父親

テリー・フランクリン

現職

ヨーロッパの某複合企業《コングロマリット》企業が所有する小型工作機械メーカー、エクスター工作機械の社長

職歴

- フランクリン・エクスポート社、一年間、オーナー経営者兼営業担当
- ヘラー化学、四年間、営業担当
- エクスター工作機械、三年間、営業担当
- エクスター工作機械、三年間、営業部長
- エクスター工作機械、一二年間、社長

経歴

- 一九二四年、ニュー・ハンプシャー州に生まれる。二人兄弟の二番目
- ニュー・ハンプシャー州およびニューヨーク州で育つ
- 父親は営業部長をしていた
- ラトガース大学にて理学士号取得
- 三年間、陸軍で兵役

家族状況
・一九四五年結婚
・四児の父親

チャック・ゲインズ

現職
中西部の大規模メーカー、インデックス工業の中部事業本部長（一〇億ドルの売上責任を有する）

職歴
・インデックス工業、二年間、ニューヨーク支社にて営業見習
・インデックス工業、六年間、コロンビア支社にて営業担当
・インデックス工業、四年間、ブラジル支社営業部長
・インデックス工業、一年間、日本支社営業部長
・インデックス工業、四年間、日本支社長
・インデックス工業、三年間、国際事業本部長
・インデックス工業、一年半、本社社長付
・インデックス工業、一年半、子会社の一つファイアブランド社社長
・インデックス工業、一年間、中部事業本部長

経歴
・一九三〇年、ニューヨーク州に生まれる。三人兄弟の末っ子
・米国外で育つ
・父親は営業経験者

- コネチカット州の小さなカレッジにて文学士号取得
- 沿岸警備隊で兵役

家族状況

- 一九五〇年結婚
- 二児の父親

ポール・ジャクソン

現職

中西部の大規模メーカー、インデックス工業の副会長（売上高一〇億ドル超の多角化製品事業本部を管轄）

職歴

- インデックス工業、四年間、研修プログラム
- 米国海軍、三年間
- インデックス工業、二年間、生産部門長
- インデックス工業、七年間、工場長
- インデックス工業、二年間、本社技術部長
- インデックス工業、二〇年間、多角化製品事業本部長（副社長、筆頭副社長、副会長を歴任）

経歴

- 一九一九年、ネブラスカ州に生まれる。三人兄弟の二番目
- ワイオミング州およびモンタナ州で育つ
- 父親は農業（農業事業経営《アグリビジネス》）
- ネブラスカ州立大学にて理学士号取得

家族状況

・三年間、海軍生活を送る
・一九四四年結婚
・先妻の死（一九六八年）後、一九七三年に再婚
・先妻との間に生まれた三児の父親

トム・ロング

現職

インターナショナル・コンピュータ社の東部地域本部長（二〇の営業サービス事業所を管轄）

職歴

・フェアチャイルド生命保険、二年間、保険証書取扱部で見習、主任
・フィリップス・マニュファクチャリング社、一年間、営業担当
・インターナショナル・コンピュータ社、一年間、営業課長代理
・インターナショナル・コンピュータ社、半年、営業課長
・インターナショナル・コンピュータ社、一年間、顧客担当課長
・インターナショナル・コンピュータ社、一年間、営業計画部長
・インターナショナル・コンピュータ社、一年間、地域担当営業部長
・インターナショナル・コンピュータ社、一年間、本社営業企画コーディネーター
・インターナショナル・コンピュータ社、半年、特別任務（支店長補佐）
・インターナショナル・コンピュータ社、一年間、支店長（前記と異なる赴任地）
・インターナショナル・コンピュータ社、二年間、支店業務担当部長（地域担当）

経歴

- インターナショナル・コンピュータ社、一年間、全米サービス業務担当部長（本社）
- インターナショナル・コンピュータ社、一年間、東部地域本部長

家族状況

- 一九四二年、インディアナ州に生まれる。三人兄弟の二番目
- バージニア州およびフロリダ州で育つ
- フロリダ大学にて理学士号取得
- MBA課程受講
- 一九六二年結婚、後に離婚
- 一九七〇年再婚
- 五児の父親

ジャック・マーチン

現職

ガーランド・コーポレーション社所有（後にマグネット通信社所有）の『ワールド・ニュース』紙の編集人兼発行人

職歴

- ランドリー・スペシャルティ・ストアーズ社、半年、店員
- ガーランド・コーポレーション社、三年間、発行部主任
- ガーランド・コーポレーション社、一年間、研修プログラム
- ガーランド・コーポレーション社、三年間、広告営業担当
- ガーランド・コーポレーション社、三年間、広告営業担当（本社）

経歴

・J・W・トーマス・アドバタイジング社、一年間、顧客担当主任
・ゼイラー社（広告代理店）、二年間、顧客担当主任
・ガーランド・コーポレーション社、二年間、広告営業担当
・ガーランド・コーポレーション社、九年間、広告営業部長
・ガーランド・コーポレーション社、一年間、前記と異なる出版物の広告営業部長
・ガーランド・コーポレーション社、五年間、『ワールド・ニュース』紙編集人兼発行人
・一九二六年、ミシガン州に生まれる。二人兄弟の一番目
・ミシガン州で育つ
・父親は技師で営業マン
・ミシガン大学にて文学士号取得
・三年間、海兵隊で兵役

家族状況

・一九五〇年結婚
・五児の父親

リチャード・パポリス

現職

インターナショナル・コンピュータ社のデータトラック事業部長

職歴

・ジョンソン・リサーチ社、三年間、エンジニア
・DLC社、五年間、技術主任補佐

- フェアフィールド・ルイス社、五年間、技術主任
- フェアフィールド・ルイス社、八年間、事業部長
- データトラック社（会社設立に参加）、七年間、社長
- インターナショナル・コンピュータ社（データトラック社を吸収合併）、四年間、データトラック事業部長

経歴

- 一九二七年、ギリシアに生まれる。四人兄弟の末っ子
- ギリシアで育つ
- 父親は船長
- ＵＣＬＡにて理学士号取得
- ＵＣＬＡにて理学修士号取得

家族状況

- 一九五二年結婚、後に離婚
- 一九七一年再婚
- 二児の父親

リチャード・ポーリン

現職　マグネット通信社のテレビ事業部長

職歴

- マグネット通信社、五年間、本社財務分析担当
- マグネット通信社、三年間、会長付

経歴

・マグネット通信社、二年間、財務管理担当副社長付（テレビ・映画事業部管轄）
・マグネット通信社、半年、テレビ・映画事業グループ担当副社長付
・マグネット通信社、三年間、映画事業部長
・マグネット通信社、二年間、テレビ事業部長

・一九四〇年、マサチューセッツ州に生まれる。四人兄弟の一番目
・米国内外の七都市で育つ
・父親は職業軍人（海軍幹部）
・ハーバード大学にて理学士号取得
・ウォートン・スクールにてＭＢＡ取得

家族状況

・一九六三年結婚、一九六九年離婚
・一九七三年再婚
・一児の父親

マイケル・リチャードソン

現職

東部の投資運用会社、リプトン・ジョンソン社の社長兼ＣＥＯ

職歴

・ペニングス社（投資運用会社）、二年間、投資アナリスト
・リプトン・ジョンソン社（会社設立に参加）、一年間、投資アナリスト
・リプトン・ジョンソン社、五年間、ポートフォリオ・マネジャー

経歴
- リプトン・ジョンソン社、九年間、マーケティング担当部長
- リプトン・ジョンソン社、五年間、社長兼CEO
- 一九三四年、コネチカット州ハートフォードに生まれる。六人兄弟の四番目
- ボストンで育つ
- 父親はメーカーの経営幹部
- ハーバード大学にて文学士号取得
- ウォートン・スクールにてMBA取得

家族状況
- 一九六二年結婚
- 二児の父親

B・J・スパークスマン

現職
大手サービス会社、ベンソン・アンド・カンパニーのヒューストン事務所マネジング・パートナー

職歴
- トーマス石油、二年間、経理係長
- イジス化学、二年間、財務部スタッフ
- ロリンズ石油運輸、一年間、経理担当
- FLDフード・ストアーズ社、一年間、経理担当
- FLDフード・ストアーズ社、二年間、財務部長

経歴

・ベンソン・アンド・カンパニー、五年間、コンサルタント
・ベンソン・アンド・カンパニー、二年間、パートナー
・ベンソン・アンド・カンパニー、四年間、パートナー（フォートワース）
・ベンソン・アンド・カンパニー、三年間、パートナー（ヒューストン）
・ベンソン・アンド・カンパニー、一年間、マネジング・パートナー（ヒューストン）

・一九二九年、アラバマ州ラプトンに生まれる。五人兄弟の四番目
・アラバマ州で育つ
・父親は郵便配達員
・アラバマ大学にて文学士号取得
・南メソジスト大学にてＭＢＡ取得
・四年間、空軍で兵役

家族状況

・一九五一年結婚
・一児の父親

ジョン・トンプソン

現職

ニューヨーク銀行の副社長兼法人金融事業部長

職歴

・ニトロ鉄鋼、三年間、融資担当マネジャー
・ニトロ鉄鋼、三年間、融資担当マネジャー（前記と異なる都市）

経歴

- ニトロ鉄鋼、三年間、融資担当の地区統轄マネジャー
- ニューヨーク銀行、五年間、法人金融事業部貸付担当部長
- ニューヨーク銀行、一〇年間、法人金融事業部事業担当部長
- ニューヨーク銀行、半年、副社長兼法人金融事業部長

家族状況

- 一九三一年、オハイオ州に生まれる。二人兄弟の二番目
- オハイオ州で育つ
- 父親は銀行員
- シンシナティ大学にて理学士号取得
- 二年間、陸軍で兵役
- 一九六三年結婚
- 二児の父親

5 ゼネラル・マネジャーの業績評価

使用した方法

ゼネラル・マネジャーという職務の性質上、特定の一人の能力を評価したり、異なる職務の複数のゼネラル・マネジャーにランクを付けることは難しい。その主な理由は二つある。一つは、ゼネラル・マネジャーの責任には、正確には測定しにくい側面があることだ。特に、ゼネラル・マネジャーの長期的責任を短期間で測定することは不可能に近い。もう一つの理由は、職務が異なるのに同一基準で業績を評価することには無理があることだ。たとえば、利益目標の達成が評価全体にどれくらいのウェイトを占めるか――二〇%か、五〇%か、あるいは八〇%か――などという議論はマネジャー自身も研究者も決着を付けることができない。

本調査においては、業績の良し悪しの差が比較的小さいために、評価はいっそう困難である。すべてのゼネラル・マネジャーは、少なくとも「良好」以上の仕事をしており、明らかに失格であるという人物は一人もいなかった。業績のばらつきの差がもっと大きければ、さまざまな業績水準を区別することは容易だったはずである。

とはいえ、本調査では、次のような方法でゼネラル・マネジャーの業績を評価した。

❶「優秀」「かなり良好」「良好」の三つの評価以外の細かい業績水準は設定しない。

❷現在の職務に就いてからの期間が比較的短い（一年未満）ゼネラル・マネジャーについては、業績の評価をしない。

❸評価尺度は、ハードとソフトの両方を使用した。ハードな尺度とは、売上高、利益、その他の財務指標などである。ソフトな尺度には、同僚、部下、上司の判断と、可能な場合には投資アナリストの情報からの判断が含まれる。

◉評価結果

この方法によって一五人のゼネラル・マネジャーを次のように分類した。

❶優秀

二人のゼネラル・マネジャーをこれに分類した。リチャード・パポリスとリチャード・ポーリンである。彼らの純利益は常に目標を上回り、一貫して高業績（年率三〇％以上）を達成した。部下、同僚、上司などの評価は、「仕事ぶりが優秀である」で一致している。パポリスには二人、ポーリンには三人が、「優秀とまではいかない」と評した。アナリスト二人は多数意見に同意し、パポリスとポーリンは際立った仕事をしていると感じていた。

❷かなり良好

六人いた。ボブ・アンダーソン、ダン・ドナヒュー、フランク・フィローノ、トム・ロング、ジャック・マーチン、マイケル・リチャードソンである。❶の二人ほどではないが、純利益は目標を上回る。部下、同僚、上司とアナリストの評価は、「良好」から「優秀」の範囲内に入っていた。

❸良好

三人いた。ジェラルド・アレン、テリー・フランクリン、ポール・ジャクソンである。純利益が目標を下回ることもあり、他の事業より成長も低く利益も少なかった。周囲の評価は「劣っている」から「優秀」まで幅があるが、ほとんどの人は彼らの仕事ぶりを高く評価した。

❹評価せず

四人が該当する。ジョン・コーエン、チャック・ゲインズ、B・J・スパークスマン、ジョン・トンプソンは、公平な評価をするには就任してからの日が浅かった。

第2章 ゼネラル・マネジャーの仕事
――主な課題

The General Management Jobs : Key Challenges and Dilemmas

ゼネラル・マネジャーが直面する課題

二〇世紀に入り、組織の巨大化、多角化、地理的拡張、技術の高度化等の進展につれて、典型的なマネジャーの世界が相当に変化してきたことは周知の事実である。しかし、今なお続くこうした傾向がマネジャーの仕事の質にもたらす影響を、我々が本当に理解しているかどうかははなはだ疑問である。

事業統轄責任者《ゼネラル・マネジャー》の職務は、知的能力と対人関係能力の二点において、ますます要求が高くなり、困難かつ複雑になっている。今日では、掌握しきれない複雑なシステムに責任を負わされ、次のような要求に応えなければならない。

- 行動と結果の関連が不明瞭な環境下で、問題点と解決策を明示する。
- 数千に及ぶ問題がゼネラル・マネジャーの時間と集中力を奪ってしまう事実に対処する。
- 長期的展望を考慮できないほど多忙ななか、短期的課題と長期的課題とのバランスを図る。
- 多数の部下たちのモチベーションを高め、悪い結果に対処して成果をあげる。
- 多様なグループの人々が互いに調和し合い、効率的に仕事ができるようにする。
- 忙しい時間を割いて協力してくれる人々を、指揮命令が及ぶ範囲外に持つ。

ゼネラル・マネジャーの職務は膨れ上がり、多様化した結果、職務によってその要求内容は、著しい違いを示すようになった。一見、似ている職務でも、それぞれが直面する課題や難問はまったく異なる。

本章では、調査対象となったゼネラル・マネジャー全員の職務要求の基本的特徴を詳しく検討する。さらに、その要求がゼネラル・マネジャーごとにどの程度、またどういう理由で異なるのかを分析する。

ゼネラル・マネジャーの職務は、現代組織における他のそれと同じく、責任と対人関係という二つの観点から、公式あるいは非公式に規定される傾向があった。具体的には、次のようなものである。

責任

❶長期的責任：組織の基本目標、方針、優先順位を設定する。たとえば、どのような事業を運営し、重要な経営資源をいかにして確保するかなどについての意思決定をする。

❷中期的責任：長期的目標を達成するため、いかにして単一ないし複数の事業に効果的に資源を配分するかについて意思決定をする。

❸短期的責任：単一ないし複数の事業に配分された人、物、金を効率的に運営する。何らかの利益責任を含む。

対人関係

❶上との関係：ゼネラル・マネジャーの上司（あるいは取締役会）に対する報告義務。

❷横との関係：時には本社スタッフなど他部門の協力を取りつける。あるいは、直属ではないが事業上密接な関係を持つグループとの調整を行う。
❸下との関係：通常は多様な職能分野（単一分野のスペシャリストに限定されない）の部下たちの統轄。[注1]

「何らかの」「通常は」「時には」とあるように、ゼネラル・マネジャーの職務は多様で定義しにくい。この点については、本章の後半で取り上げる。多様にもかかわらず、責任と対人関係に関する規定は、基本的には、本調査におけるすべてのゼネラル・マネジャーの職務に該当した。

ゼネラル・マネジャーの職務は、事業のうえでも社内の関係から見ても、きわめて複雑な状況にある。それは、事業の不確実性と関係者の多さに伴うものである。そのため、職務上の責任と対人関係は増大し、重要かつ困難な要求、課題、難問の集合体を形づくっていた。

責任に関する課題

課題1 目標と戦略の策定

見通しがつかないなかでも、基本目標、方針、戦略を策定する。本調査の典型的なゼネラル・マネジャーの長期的課題は、かなりあいまいなものだった。この種の戦略的意思決定に関連する諸要因は膨大な数にのぼる。それらが相互に作用し合う点についての事業知識も不十分であるうえ、諸要因の将来を予測する手法も大雑把であった。にもかかわらず、ゼネラル・マネジャーは、組織のために長期的な意思決定について包括的な責任を負わされていた。

たとえば、ダン・ドナヒューに最初に会った時、彼は組織の基本方針の見直しと修正を行っている最中であった。彼が担当することになった事業部は赤字続きであったため、再検討が必要だったからである。ところが、次の二つの理由から、それがきわめて困難な仕事であることがわかった。第一に、ドナヒューは、この事業部と業界の過去ならびに現状に関して、明確な情報を持っていなかった。そのため、彼の事業部が、競合他社と比べてどの程度の能力や競争優位を持つのかわからなかった。社内の人々の意見はまちまちで、有益な情報に基づいて主張の根拠を客観的に示せる者はいなかった。第二に、肝心なことがわからないため、事業の発展のチャンスとリスクを予測できなかった。高度な情報収集、分析、予測の方法をもってしても、次の問題に対して、あいまいな推測しかできなかった。

- 最もよく利用されている技術に、今後一〇年間で何らかのブレークスルーがあるか。あるとすれば、それは製品の設計や生産性にどのような影響を及ぼすか。
- 労働力、家族構成といった人口統計学的要因の変化および可処分所得の変化は、製品に対する消費者需要にどのような影響を及ぼすか。インフレは消費者需要にどのような影響を及ぼすか。インフレはどの程度悪化するか。

- 今後一〇年間に、市場に新規参入の強敵が現れるかどうか。現れるとすると、どのような企業（外資あるいは国内企業）が、どのようなポジションをねらってくるか。
- 一九八〇年と八四年の全米選挙でだれが勝つか。業界にどのような法規制の影響があるか。
- 今後一〇年間で、本社に何が起こりうるか。この事業部への資源供給にどう影響するか。

ドナヒューが直面していた長期的な意思決定はきわめて複雑ではっきりしないものだったが、彼のケースは例外ではなかった。実際、他のゼネラル・マネジャーの少なくとも半数は、彼以上に複雑であいまいな長期的課題に取り組まなければならなかった。さらに、現代企業のゼネラル・マネジャーの職務が、以上のような特徴を持つことを示す証拠はほかにも見受けられる。[注2]

課題2　資源配分の最適化

さまざまな職能分野ならびに事業分野の要求に応えられるよう、限られた資源を配分する。短期的案件を長期的案件より優先させたり、マーケティング部門の問題で製造部門の要求を握りつぶしたりしない。成長、強気の目標、業績上の問題等々のため、本調査の対象となった多くのケースで資源は不足しがちであった。事実、一五人のゼネラル・マネジャーのうち、あいまいな要求に配分できる余裕資金を持つ者はいなかった。この不足のために、資源の配分が特に重要な課題だった。さらに、さまざまな製品、市場、職能分野、技術が入り組んでいるため、資源を必要とする活動は実に多様で、そのため資源配分は複雑化を極めた。

資源の不足とニーズの多様性が併存するため、バランスのとれた資源配分が特に要求される。このような状況では、短期的案件が長期的案件よりも優先されたり、ある製品ラインに資源を割り当てたために他の製品ラインが資源不足に陥ったり、ある職能部門が他部門の資源を阻害することが起こりやすい。

私がジョン・トンプソンに会ったのは、アメリカ経済がちょうど下降期にさしかかった時だった。当時彼は、売上げが落ちていたので最低水準の利益を確保するために、計画中の予算財源を削らなければならなかった。これについて、トンプソンは次のように語った。

「このような状況で、どのコストをどれくらい削減するかの判断はきわめて難しいものです。削減しすぎれば今年は乗り切れても将来は苦しめられることになりますし、手ぬるいやり方だと今年苦しむことになります。操業資金を削りすぎれば不採算事業から撤退せざるをえないかもしれません。融資を抑えすぎれば資金余剰を抱えるかもしれません。バランスをとるのはそれくらい難しいことです」

フランク・フィローノは同じ問題について次のように語っている。

「我々の事業では、短期の売上げと利益の増加は比較的容易にできます。また、一つの店舗の運営もそれほど難しいことではありません。難しいのは、（中核的な長期目標として）事業の質を維持し向上させつつ、十分満足できるだけの短期的成長を達成することと、全店舗ないし大部分の店舗の業績を大幅に向上させることです」

本調査のゼネラル・マネジャーは、程度の差こそあれ、全員このような問題に直面していた。他の証拠も、このことが彼らの職務全般に該当することを示唆している。[注3]

課題3 膨大かつ多様な諸活動の掌握と問題の解決

ゼネラル・マネジャーは総責任者なので、事業に関するどんな問題も結局は自身の問題となる。効果のあがらない仕事、あるいは非効率な業務は、すべて重大な問題となりうるのだ。

ところが、その職務対象は広く、問題の根本的原因を突き止めることは難しい。活動範囲が多岐にわたり、またその内容も複雑なため、解決方法を見つけることは至難の業である。

本調査のケースでは、グローバルな業務の責任者もいれば、数百種類もの製品の製造・販売の責任者もいた。ある人は多種多様な技術を用いる業務に責任を持ち、別の人のケースでは部下数千人の大半が遠隔地で日々業務をこなしていた。このような状況では、毎日あるいは毎週の業務活動を把握するだけでも大仕事である。現在利用できる最新の情報システム技術でも、この活動を迅速かつ正確に管理することは不可能だ。可能であったとしても、ゼネラル・マネジャーがこれらの情報を消化するだけで毎日二四時間を費やすことになるだろうし、些細な問題だけでも膨大な量だ。B・J・スパークスマンが「時にこの仕事は底なし沼のようです」と語ってくれた言葉が彼らの気持ちを代弁している。

さらに、ゼネラル・マネジャーの業務活動は複雑なために、一つの問題が発見されても解決方法を見つけることが困難である。私はそのような事例を多く見てきた。典型的なケースを紹介しよう。

ある会社が、出荷困難な状況に陥っていた。ゼネラル・マネジャーのリチャード・パポリスには、次の二つの疑問が浮かんだ。一つは、この問題がどれくらい重要か（どの程度の関心を払うべきか）で、もう一つは、なぜこのようなことが起こったのか（根本的問題はどこにあるのか）である。これらについて、パポリスの部下たちの意見はまちまちだった。ある者は、製造部門の二人の人物のやり方がまずいことが原因で修正は容易であると考え、別の者は、複雑で構造的にも重大な問題であるとし、会社の成長ペースに製造部門全体が追いついていないと主張した。また、需要を予測できないマーケティング部門に大きな問題があると指摘する者もいた。

二、三回議論を重ねた結果、パポリスは多くの情報――事実と意見――を得たが、彼の二つの疑問に対して明確な解をもたらすものではなかった。しかも、こういうことが頻繁にあった。

程度の差こそあれ、本調査の対象者全員がこの種の問題を抱えていた。[注4] 他の調査結果も、同様のことがおそらく大半のゼネラル・マネジャーに当てはまることを示唆している。

◉――対人関係に関する課題

ゼネラル・マネジャーは、職務上の責任に加えて、その責任に影響を及ぼし合う対人関係のネットワークに担当者を配置する。対人関係は特有の難問を生み出す。

課題4　上層部からの協力と支援

職務の遂行に必要な情報、協力、支援を上層部から得るには、協調性に欠けると思われないよう配慮しつつ要請すべきことは要請する。他のマネジャーと同様に、ゼネラル・マネジャーも上層部の支援と協力がなければ職務を遂行できない。彼らは決定的な資源や情報、報酬を提供してくれる。加えて、彼らも人間であって「完全無欠な」上司などいないわけだから、上司あるいは経営陣と良好な関係を築くことがゼネラル・マネジャーにとって重要な課題である。

ジェラルド・アレンとダン・ドナヒューの二人は、同じようにCEOの二～三層下の職位にあった。共に直属の上司は有能とは程遠く、尊敬されるタイプではない。このような状況では、経営陣の報告なり、その支援を受けることは困難となる。アレンとドナヒューの場合、トップからのメッセージを明確または迅速に受け取り、逆に自分たちの意見や要望にトップの関心を引きつけるには特別の努力が必要だった。そのうえ、日常業務をこなすだけの上司からは支援を期待できず苛立たせられることが多く、重要な案件に使うべき時間を無駄にさせられもした。

テリー・フランクリンとボブ・アンダーソンは、それぞれ上司とは一〇〇〇マイル以上離れていて、しかも二人の担当する事業への上司の責任範囲は一〇％以下だった。フランクリンが上司と会うのは年に二、三回である。二人は日々の活動に関してかなりの自由度を持っていたが、反面、上司の理解、関心、援助を得ることは難しかった。

ポール・ジャクソンの場合、非常に強い力を持つCEOは、彼の元同僚かつライバルだった。両者の経営スタイルは対照的だったので、ジャクソンにとって、上司であるCEOへの応対は非常にやっかいであった。CEOは、事あるごとに何人もの目の前で、大声でジャクソンを叱ったと会社の人々は証言している。ある時ジャクソンが私にこう言ったことがある。「CEOのせいで、仕事に面白いことなど一つもなかった」。

本調査における他のゼネラル・マネジャーたちも、やはり上司とのやっかいな関係に苛立たされていた。問題が一つもない場合でも、ゼネラル・マネジャーは上司をどう操るかという課題を重視し、この問題が現在の仕事や将来のキャリアの成功に直結すると認識していた。

ここで述べたことは、ゼネラル・マネジャーのみならず、マネジャー全般に当てはまる。[注5]

課題5 主要な外部グループの協力

本社スタッフ、関連部門、重要な外部グループ（労働組合、顧客、サプライヤー）など、命令権の及ばない対象からの協力を取りつける。彼らに抵抗されたりお役所仕事をされずに事をやり遂げる。

本調査におけるゼネラル・マネジャーの多くは、複数の本社スタッフ・グループと付き合わなければならなかった。事業上、直属でない職能部門に同調しなければならないマネジャーもいた。また、事業の規模が大きく重要性が高いために、労働組合や社外団体と良好な関係を築かなければならない人もいた。これら横の関係はえてして対抗的なものとなり、ゼネラル・マネジャーの頭痛の種だった。時として問題が大きく広がることもあった。

ポール・ジャクソンにこの数年間で最も判断に悩んだことを尋ねたところ、即座に次のように述べた。

「すぐに判断はできても実行は不可能に近いという事柄があります。直属の部下でない人々と仕事をしなければならないので、そういう困難は時々あります」

ジョン・トンプソンは次のように語ってくれた。

「部門内で完結する仕事ならやさしいし楽しいでしょうが、本社スタッフ、他の事業部、政府の役人、労働組合など、首を突っ込みたがる連中があまりにも多すぎます」

ジャック・マーチンは、直属でない社内の二人の人間が絡む業務のせいで自部門に三五万ドルの損失が発生していることに気づいた。この二人から事前に相談を受けたこともなければ警告されたこともなく、事後報告を受けただけだった。当然、彼は激怒した。

また、私はジェラルド・アレンが直属でないスタッフ・マネジャーの部屋で三〇分間座り続けている姿を目の当たりにしたが、そのスタッフ・マネジャーは失礼な態度で攻撃的だった。しかしアレンは、自分の要求通りに事が運ぶ確約が取れるまで落ち着いて座っていた。ほかにも、大きな予算を要求する割に何もしてくれない本社宣伝部や、むやみにえこひいきをする重要顧客と悪戦苦闘するゼネラル・マネジャーの姿を何度も見た。

横の関係がもたらすこうした問題は、事業部制をとる会社のゼネラル・マネジャーにとっては日常茶飯事であることを示す研究もある。[注6] 別の研究によれば、[注7] そうした関係が、今日の大多数のマネジャーの職務の大きな部分を占めているという。

課題6 部下のモチベーションを高める

さまざまなタイプの部下たちをやる気にさせ、管理し、業績低迷や部門間の衝突に対処する。本調査のゼネラル・マネジャーは、実に多彩なタイプの部下たちと相互依存の関係にあり、彼らに対する命令権限を与えられていた。部下はそれぞれ意見が異なるし、組織の決定や結果に利害関係を持っていて、個性も異なる。それでもゼネラル・マネジャーは、部下なくしては担当事業を全うできない、つまり、部下全員に頼らざるをえない。

ゼネラル・マネジャーは、高業績達成に向けてモチベーションをどう高めるかについて語ることが多かった。約半数のマネジャーが過去数年間で最も頭を悩ませたのは、重要な役割なのに十分な成果をあげていない部下の配置転換だったという。ゼネラル・マネジャーは、彼らの成績がどの程度改善されるか、また、それに要する時間、その間のリスクとコストなどを判断しなければならなかった。

マイケル・リチャードソンがこうした問題で苦しんでいるのを目にしたことがある。リチャードソン直属の部下の下で中心となって働いていた二人が退職したため、彼らの同僚たちはその上司の管理手法にとまどっていた。リチャードソンはこの状況を改善しようと、いくつかの方法を試みたがうまくいかなかった。彼は必然性がない限り、取り返しのつかない決定を下すことを望まない。リチャードソンは直属の部下と一五年来の付き合いがあり、その人物を現在の地位に就けたのも彼だった。状況が悪化し、リチャードソン、直属の部下、周囲の人々が苦しむなか、従来と異なる方法に変えるよう要求する者もいた。

ゼネラル・マネジャーは、部下同士、あるいは部門間での対立やコミュニケーションの問題にも言及している。新聞社の社長を務めるボブ・アンダーソンは、「編集と営業の世界はまったく違います。水と油のように、二つはうまく混じり合うことがありません」と言う。リチャード・ポーリンはこう言う。「クリエイティブ部門と事務部門は、問題が起きないようういつも気をつけていないと、五分もすればケンカを始めます」。

調査中、部下が他部門のスタッフとの間で問題を起こし、ゼネラル・マネジャーが介入せざるをえない事態によく遭遇した。些細な誤解から対立するケースもあれば、問題が紛糾・複雑化し、解決が容易ではないケースもあった。ジョン・コーエンを訪ねた時は、若くて野心的な二人の部下が取っ組み合いになる寸前のところだった。二人とも相手に非があると思い込んでいた。一方は相手が政略的利益のため攻撃してきたと感じ、他方は相手が会社にとって重大な問題を引き起こし、アドバイスに耳を貸そうとしないと見ていた。両者が冷静に話し合い、対立を解消するには、相当の努力が必要だと思われた。

ゼネラル・マネジャーにとって、部下の管理は最大の難問である。このことは、ミドル・マネジャーほか大半の管理職についても当てはまる。注8

課題の全体像

ゼネラル・マネジャーの責任と対人関係に関する課題は、図表2－1と図表2－2に要約される。図に示された問題が一つ生じたとたん、マネジャーの職務遂行は困難となる。先に述べた六つの課題が同時に存在すれば、ゼネラル・マネジャーのストレスは極限に達し、問題を処理するための時間配分がうまくできない。ゼネラル・マネジャーの多くは週六〇時間以上働き、自身に何らかの制約を課さなければ、倍の時間を仕事に費やさねばならないと打ち明けた人もいる。

さらに彼らは、あわただしくプレッシャーの大きい環境で働いていた。ゼネラル・マネジャーに就任したばかりのジョン・トンプソンは、この問題を次のように表現した。

「以前は六時に仕事を切り上げ、仕事のことを忘れて帰宅することが楽にできました。今では、仮に六時に職場を離れたとしても、帰る途中でも家にいても何かを考え、何かが気にかかり、いつも頭を離れないものがあるのです」

また、トム・ロングは次のように語った。

「多くの人々が毎日毎日私に会いたがり、その人たちが雑多な問題を持ち込んでくることに、正直驚き

要求——主要な課題

・課題1
状況が不確実ななかで、基本目標、方針、戦略を設定する。

・課題2
各事業分野、各職能分野への不足がちな資源の配分に際してうまくバランスを図る。短期的関心を長期的関心に優先させたり、マーケティング関連の問題について製造部門の要求を握りつぶすような事態を避ける。

・課題3
複雑な諸活動を掌握する。手に負えない問題を特定し、迅速に解決する。

・課題3
状況が不確実で多様であり、関連情報が大量にあるなか、明確な意思決定をする。

図表2-1◉職務上の責任に関する課題

職務状況――事業環境	ゼネラル・マネジャーの責任
•成長、技術変化、政府規制の変更、経済的・政治的混乱状態等により、長期的問題に付随する不確実性が高い。 •(売上高や利益の下降傾向、あるいはエネルギー・コストの急騰などの)予期せぬ事態が生じ、そのつど計画変更を迫られる。	**•長期的責任** 組織の長期的な目標、方針、方向づけを設定する責任、事業の内容と主な資源をどう確保するかを決定する責任を持つ。
•成長、業績、あるいは強気の目標設定等により、資源は常に不足しがちである。 •製品・市場や使用技術の違いにより、事業活動は多様である。	**•中期的責任** 長期的目標を達成するため、一つあるいは複数の事業への効果的な資源配分の決定責任を持つ。
•事業活動の規模(製品数、顧客数、取引数)が非常に大きい。 •事業活動の複雑性(多様性と相互依存性)が非常に大きい。	**•短期的責任** 一つあるいは複数の事業に投入された資源の能率的運用についての(利益責任を含む)全般的責任を持つ。
•事業環境は、不安定かつ多様であり、関連のありそうな情報が大量にある。	**•全般的責任** 一つあるいは複数の事業に対して、複数の職能分野にまたがる意思決定責任を持つ。

要求――主要な課題

・**課題4**

上司から、職務遂行に必要な情報、協力、支援を取りつける。協調性に欠けると思われることがないよう注意しつつ、上司に対して要請すべきことは要請する。

・**課題5**

本社スタッフ、関連部門、関連事業部や重要な外部グループ（労働組合、行政、大口顧客）から協力を取りつける。抵抗やお役所仕事等に屈せず、彼らの協力を得て目標を達成する。

・**課題6**

部下たちをやる気にさせ、管理する。業績不調、部門間の対立などを解消する。

・**課題5**

権限のあまり及ばないさまざまな人々の協力を得て目標を達成する（実行）。

図表2-2◉職務上の対人関係に関する課題

職務状況——事業環境	ゼネラル・マネジャーの対人関係
•直属の上司はけっして完璧ではない。時には無能であったり、問題があったり、理の通らないことも言う。 •（担当する事業分野の相違や地理的条件などの理由で）上司が置かれた状況とゼネラル・マネジャーが置かれた状況との間には隔たりができるため、コミュニケーションが困難になることが多い。	•**上方との関係** ゼネラル・マネジャーの上司（あるいは取締役会）に対しては、直属の部下である。
•次の理由から、重要な横の関係が多くなる。 ①企業規模と組織機構の状況 ②多数の顧客、サプライヤー、労働組合、行政の存在 •これらの関係者とゼネラル・マネジャーの統轄組織との関係は、対抗的であることが多い。	•**横の関係** ゼネラル・マネジャーの権限は及ばないものの事業上密接な関係を持つグループ（本社スタッフなど）に依存し、関係を調整する。
•ゼネラル・マネジャーの統轄組織の規模（配下の従業員数）は大きく重要な職務に就く部下の数が多い。 •多様性と変化がもとで、人に関わる問題が生ずることも稀ではない。	•**下方との関係** 多様な職務領域の部下たちに対して一定の権限を保持する。
•多種多様なグループが仕事上の関連性を持つ。	•上司、部下および管轄下にない人々に依存しているが、その大半に対しては権限を持たない。

ます。これを調整しなければ、連日連夜、会合でスケジュールが埋まってしまうでしょう」

もちろん、時間やプレッシャーという問題は、ゼネラル・マネジャーに固有の問題ではない。他の管理職や専門職でも、長時間の勤務を必要とし、ストレスの多いものがある。

図表2－1と図表2－2に挙げた職務上の諸要求（課題）もゼネラル・マネジャー特有のものではない。程度の差こそあれ、ほとんどの管理職に、同じような職務上の要求が突きつけられている。しかし、ゼネラル・マネジャーの場合、それが多様であるという点が特別である。

他の管理職あるいは専門職では、短期・中期・長期の問題を同時に処理したり、多種多様なスペシャリストとさまざまな関係のなかで協働することはない。職務上の要求の及ぶ範囲が限定されているからである。たとえば、下位の管理職には長期的責任はないし、他の上位の管理職では部下として接する専門職の種類も限定されよう。スタッフ職や旧来の専門職は、多くの部下を持つことはほとんどない。ゼネラル・マネジャーだけが、多様な仕事と対人関係を抱えている。ゼネラル・マネジャーをゼネラル・マネジャーたらしめているその職務の本質、特異性と難しさは、複雑かつ多様な要求からきている。

職務上の要求が異なるのはなぜか

本調査におけるゼネラル・マネジャーは六つの課題を課せられているという共通点はあるものの、要

図表2-3◉ゼネラル・マネジャーに対する要求が相違する要因

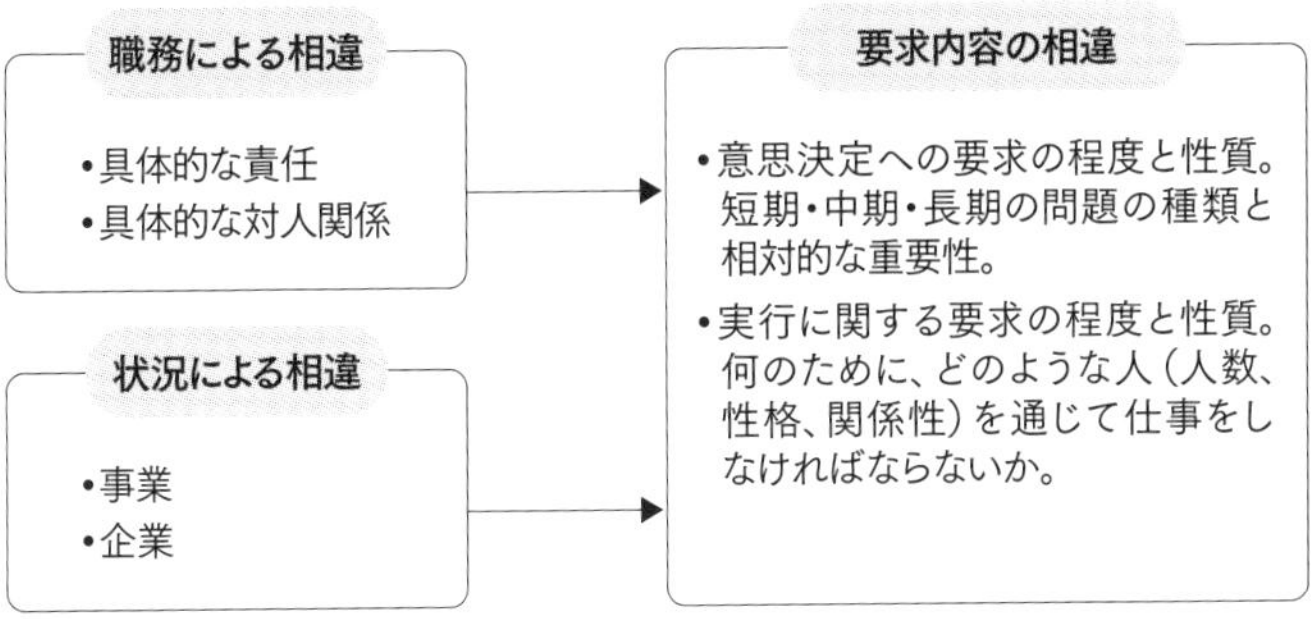

求の程度、六つの課題の相対的重要性、また、その特徴などに違いが見られた。たとえば、意思決定について難題を抱えていても、それぞれの解決方法は異なっていた。同様に、実行が難しいという問題は共通するものの、難易度には差があった。

少なくとも二つの要素が、ゼネラル・マネジャーの間に違いをもたらす原因になっているようだ（図表2－3参照）。第一に、職務そのものの違いが重要である。今日、ゼネラル・マネジャーの職務は多様化しているが、それらは責任や対人関係のあり方に微妙な違いを見せている。第二に、事業環境や企業特性による違いも重要である。銀行と自動車部品メーカーとでは経営上の問題が異なるし、西部のベンチャー企業と東部の伝統ある大企業とでは経営課題も異なる。[注9]

◉ゼネラル・マネジャーの七つのタイプ

第一次世界大戦以前の米国において、ゼネラル・マネジャーといえば、取締役会に直属し、職能別に組織された会社全体の経営責任を持つCEOのことを指した。第二次大戦までの間も、ゼネラル・マネジャーの九五％以上がこのタイプであった。

ところがこの四〇年で企業の大規模化、多角化、複合化が進み、ゼネラル・マネジャーの職務は多様化した。それは、企業が大規模化や多角経営を行ううえで必要となった新しい組織機構に伴うものである。[注10] 今日、ゼネラル・マネジャーの職務には少なくとも次の七タイプがある。

❶職能部門制企業のCEO

伝統的なゼネラル・マネジャーであり、取締役会（あるいは会長）に直属し、職能部門のマネジャーを管理する。

❷事業部制企業のCEO

❶との最大の違いは、職能部門のマネジャーのほかに直属のゼネラル・マネジャーを抱え、さらに、短期的な問題についての責任が少ないことである。

❸複数事業部の統轄ゼネラル・マネジャー（事業本部長）

上司も部下もゼネラル・マネジャーであるという点に特徴がある。通常、上司が❷のCEOで、六人から七人の事業部長を部下に持つ。CEOに比べると、長期的な責任は少なく、社外（銀行など）との関係も少ない。

❹独立事業部のゼネラル・マネジャー

多くの点で伝統的な❶と類似するが、上司が会長や取締役会ではなく、一人のゼネラル・マネジャーである点が異なる。❸と同様、ＣＥＯに比べて長期的責任や社外との関係が少なく、短期的責任の比重が高い。最も重要な職務は、利益に対する責任である。

❺半独立事業部のゼネラル・マネジャー

❹と類似するが、部下との関係は薄く、（本社スタッフとの）組織横断的な関係が多い。上司への報告関係が緊密で、全体としての責任は小さい。概して、事業本部長（製品・市場関連の同種の事業部をいくつか統轄する）を上司に持ち、人事、法務、経理、広報、財務などに関しては、本社（あるいは事業本部）スタッフにある程度依存せざるをえない。

❻製品・市場担当のゼネラル・マネジャー

❺と比べて少数の直属部下しか持たず、組織横断的な関係への依存が大きい。たいていマーケティング担当者を部下に持ち、担当する製品・市場に関して製造部門や技術部門との調整に責任を持つ。長期的責任は、❺と比べてさらに少ない。

❼業務担当のゼネラル・マネジャー

長期的責任の比重が最も小さく、短期的責任の比重が最も大きい。製造担当者あるいは販売・サービス担当者から随時報告を受け、ある程度組織横断的な関係に依存する（❺とは違って、緊密に調整する必要はない）。全社的利益に対しては部分的責任しか持たない。人事や経理などのスタッフを部下に持つ工場長あるいは製作所長などが一般的である。

これら七タイプのゼネラル・マネジャーのうち、今日、最もよく見受けられるのは、❶職能部門制企業のCEO、❹独立事業部のゼネラル・マネジャー、❼業務担当のゼネラル・マネジャーである。❷事業部制企業のCEO、❸複数事業部の統轄ゼネラル・マネジャーが全体の一％程度と最も少なく、特に❸は全米に一五〇〇人もいないだろう。[注11] もちろんこのほかにも、セクター・ゼネラル・マネジャーなど稀少例や、これら七タイプとわずかに異なるものも存在する。

調査対象者のうち、❶職能部門制企業のCEOが一人（リチャードソン）、❹独立事業部ゼネラル・マネジャーが五人（アンダーソン、コーエン、フランクリン、フィローノ、パポリス）、❺半独立事業部ゼネラル・マネジャーが三人（ポーリン、トンプソン、スパークスマン）、❻製品・市場担当ゼネラル・マネジャーが四人（ゲインズ、マーチン、ジャクソン、ドナヒュー）、❼業務担当ゼネラル・マネジャーが二人（アレンとロング）である。

計画段階で、ゼネラル・マネジャーを部下に持つ者は含めないほうがよいという助言があったため（この職位には二種類のものがあるという暗黙の仮定に基づいていた）、❷の事業部制企業のCEOと❸の統轄ゼネラル・マネジャーは意図的に除いたのだが、後から振り返るとこれは失敗であった。

七タイプのゼネラル・マネジャーのうち、❶～❹（あるいは❶と❷と❹の三タイプ、もしくは❶と❹の二タイプ）だけが真のゼネラル・マネジャーだという意見もあるだろう。その場合は、ゼネラル・マネジャーの職務の定義に対人関係に関する条件を加えることになる。たとえば、狭義のゼネラル・マネジャーとは、組織横断的な関係を持たずにすべての関連職能担当者を部下に持つ職務である。

図表2-4◉ある企業における6タイプのゼネラル・マネジャーに対する要求

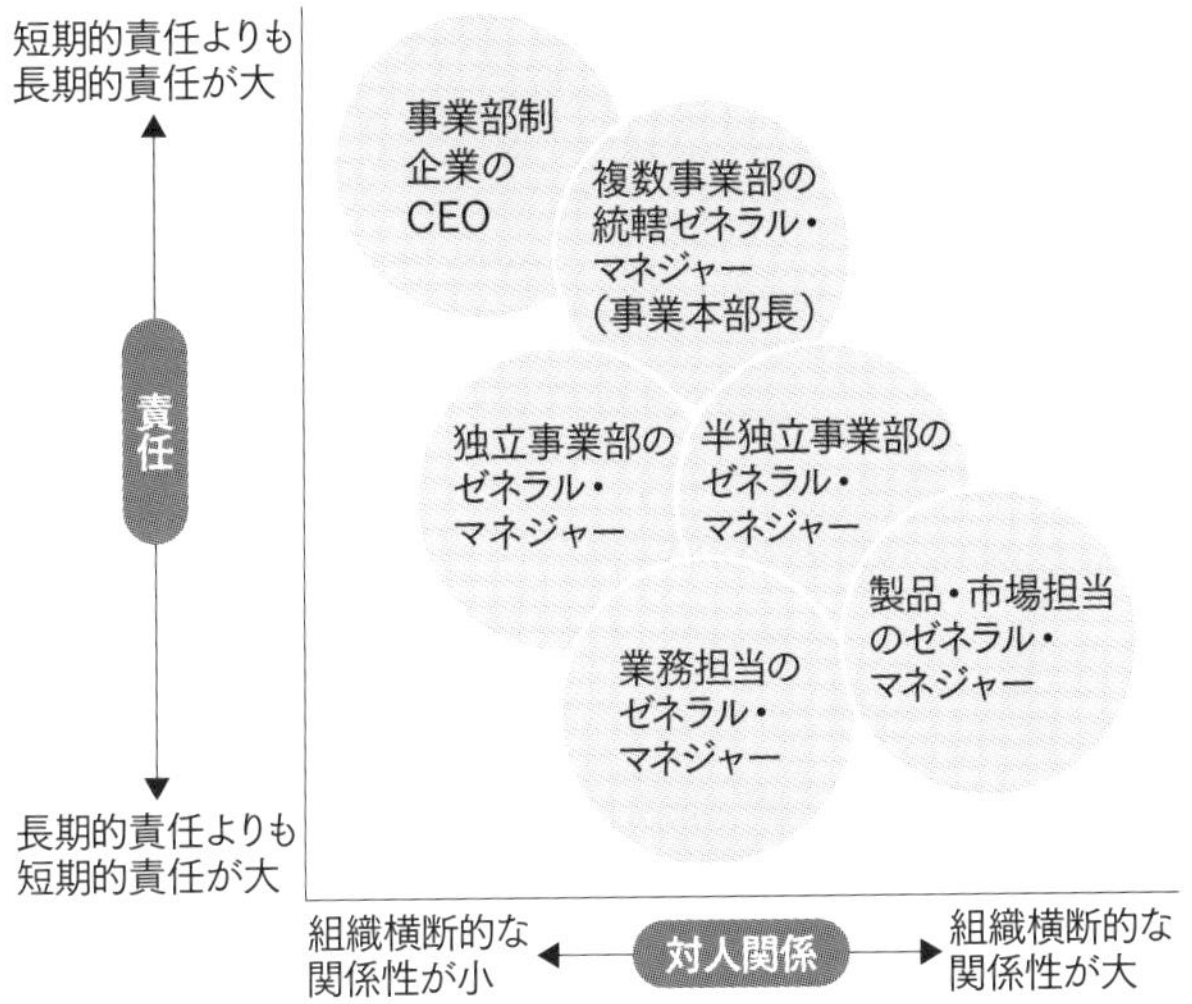

しかし、この定義は、責任に重点を置くというゼネラル・マネジャーの仕事の本質を見誤っている。七タイプのゼネラル・マネジャーは、いずれも事業を行ううえで複数の職能にまたがる責任を持つ。これこそがゼネラル・マネジャーの職務の本質である。

調査対象となった、ある巨大企業の組織機構には、これら七タイプのうち、六タイプのゼネラル・マネジャーが存在した。図表2－4は、その六タイプのゼネラル・マネジャーの職務の相違と相互関係を示したものである。この企業のCEOは、短期的責任よりも長期的責任が大きかった。業務担当のゼネラル・マネジャーはその逆で、長期よりも短期の責任のほうがずっと重かった。製品・市場担当のゼネラル・マネジャーは、人間関係の横のつながりが特に必要だった。統轄ゼネラル・マネジャー（事業本部長）については、独立事業部のゼネラル・マネジャーを部下に擁する時、その部下も上司である本人もゼネラル・マネジャーであるため、部下のほうが（組織横断的な関係においての）自立性が高いという奇妙な立場にあった（事業本部長たちはこのことを快く思ってはいない）。

図表2－4には、組織階層におけるゼネラル・マネジャーの地位が低くなればなるほど、その職務に対する長期的案件への要求は減り、短期的案件への要求と組織横断的な対人関係への要求が増えるという典型が示されている。現代の組織機構の特徴を考えれば、これは当然の帰結である。

◉――事業環境の違い――規模、操業年数、業績水準等の影響

ゼネラル・マネジャーの職務上の要求は七タイプそれぞれに異なるが、事業や企業の状況によっていっそう大きな違いが生じる。というのも、各ゼネラル・マネジャーにはさまざまな要素に違いがあるわけで、それらを組み合わせれば全体で何十種類にも及ぶからだ。たとえば、事業の成長率、技術の変化率、事業の損益水準、経営者のやる気、製品・市場の多様性、製品種目数と売上高、直属上司の性格、会社組織の編成方法、当該事業の従業員数、従業員の特性、製品・市場の成熟度、顧客・サプライヤー・労働組合・監査人の数、事業間あるいは職能間の相互依存度、組織文化の特徴などである。なかでも特に重要なのは、規模、操業年数、業績水準である。たとえば、ポール・ジャクソンは、数万人の従業員を抱え、売上高数十万ドル規模の事業を統轄していた。マイケル・リチャードソンは、従業員二〇

○～三〇〇〇人、売上高二〇〇〇～三〇〇〇万ドル規模の事業の責任者だった。このような規模の差は、職務上の要求の差をもたらす重要な要素であろう。

事業の規模と職務上の要求は、ある程度まで対応している。規模が大きくなればなるほど、ゼネラル・マネジャーの仕事は質的にも量的にも大きくなる。つまり、小規模な企業より多くのことが要求されるのである。たとえば、ゲインズやジャクソンは、大規模メーカーならではの課題や決定項目数の多さから、職務上の責任がより複雑で、意思決定も難しかった。さらに、職務上の関係者も増えるので、そうした人々を通じて仕事をするのはよりやっかいだった。

半面、規模が違えば情報、環境も異なり、職務上の要求の質も変わる。小規模であれば、ゼネラル・マネジャーは詳細な情報を大量に入手できるが、規模が大きくなればそれは不可能に近い。したがって、意思決定の質やその問題点も異なる。

たとえば、アンダーソンやリチャードソンのように小規模な組織を束ねるゼネラル・マネジャーは、日常業務の進捗状況を自身で確かめ、また直接介入して情報を得ることができた。ところが規模が大きいと、各事業部が分散するためそれは不可能であった。前者のゼネラル・マネジャーは、あらゆる問題について詳しい情報を持ったうえで、資源配分を決定できたが、後者にはそれが不可能に近く、資源配分に関する問題の質も異なっていた。

それ以上に明確であったのは、規模の大小によって人的環境が変わるために、職務上の要求が異なることである。大規模組織では、複雑に入り組んだお役所的な組織機構や管理システムを通じたマネジメントが行われる。計画や管理がシステム化されているため、離れた場所にいる上層部との関係に必要な条件は、小規模組織とはおのずと異なるし、また専門スタッフの種類も多く、ラインとスタッフの関係の内情は対抗的であるため、横の関係を管理する方法も異なる。

部下の管理に要求される条件についても同様である。たとえば、大規模組織では部下の数が多すぎて、各人が抱える問題に個別には対処できない。これは、大規模組織に特有のお役所的で繁雑な機構（規則、手続、システム）が存在することに関係している。

製品・市場の成熟状況による違いもある。アレンとトンプソンは、事実上五〇年前から存在する金融商品と市場を扱っていた。他方、パポリスが従事するハイテク産業が扱う製品と市場は、誕生して一〇年未満である。こうした成熟度の差は、規模の差ほど職務上の要求に劇的で直接的な差を生み出すことは少ないとはいえ、重要な要素であることに変わりはない。

その理由として、第一に、伝統的産業の情報、環境や意思決定は標準化されていることが挙げられる。製品と顧客に携わった長年の経験から、事業の動向、資源配分といった業務上起こりうる問題は熟知され、不安が少ない。また、成長の速度が緩やかなので動揺も少ない。これらの要素が、意思決定に影響していた。

第二は、人的環境である。銀行やタイヤ・メーカーなどの伝統的産業では、プロフェッショナルを自任する経験豊富な職能グループが存在した。これらの人々は自分たちの仕事の流儀に確固とした信念を持っており、そのことが、対人関係と業務遂行の要求に影響を及ぼしていた。

また、業績の差も存在した。たとえば、ボブ・アンダーソン、リチャード・ポーリン、ダン・ドナヒューがゼネラル・マネジャーになりたての頃、彼らの事業部は赤字であった。彼らは、建て直しをするために投入されたわけだ。一方、トム・ロングとジョン・トンプソンは、前任者が高業績をあげて昇進したため、赴任した事業部の業績は順調であった。このような収益性の違いが、ゼネラル・マネジャーの職務上の要求に差を生じさせる理由はいくつかある。

低業績の場合、次の二つの理由から、意思決定への要求は厳しいものとなる。第一は、多くの意思決定をしなければならないことである。業績が好調であれば、事業展開や資源配分の新たな方法を考える必要はなかったが、業績が悪化すればそうはいかない。第二に、業績悪化からの建て直しが必要であれば、最悪の事態を招く前に迅速な決断が必要だ。高業績企業のゼネラル・マネジャーが、ある程度時間をかけて意思決定を行う余裕があるのとは違う。

業績次第で、対人関係をはじめ、人に関わる要求にも違いが生じる。業績回復が急がれる状況では、ゼネラル・マネジャーは部下に頼らざるをえないとわかっている。同時に、業績の悪い部下が一定数いることも承知していた。アンダーソン、ポーリン、ドナヒューは、就任後数カ月間、業績の悪い部下をどう管理するかという問題に頭を悩ませていた。

前述した諸要因ほど劇的ではないにせよ、ほかにも職務上の要求に違いをもたらす状況の差が見られた。たとえば、製品や市場が多方面に及ぶ場合、それらを細部にわたって理解することは困難であった。し、多様なタイプの人々との関係づくりも容易ではなかった。また、政治的、経済的な混乱があれば、

図表2-5◉ゼネラル・マネジャーに対する要求と事業環境

事業環境に関する要因 →（影響）→	要求
•成長、技術変化、政府規制の変更、経済的・政治的混乱状態等により、長期的問題に付随する不確実性の高さとその種類 •既存の目標や方針の変更を要する予期せぬ事態（業績悪化など）の数と種類	•状況が不確実ななかで、基本目標、方針、戦略を設定する。
•成長、業績、あるいは強気の目標設定等によって生じる資源の不足 •製品・市場や使用技術の違いから生じる事業活動の多様性の程度と種類	•各事業分野、各職能分野への不足がちな資源の配分に際してうまくバランスを図る。短期的関心を長期的関心に優先させたり、マーケティング関連の問題について製造部門の要求を握りつぶすような事態を避ける。
•事業活動の規模（売上高、顧客数など） •事業活動の複雑性（多様性と相互依存性）	•複雑な諸活動を掌握する。手に負えない問題を特定し、迅速に解決する。
•直属の上司（無能、苛立たせるタイプ、不合理な目標） •（担当する事業分野の相違や地理的条件などの理由から生ずる）上司が置かれた状況とゼネラル・マネジャーが置かれた状況との間の隔たりの程度	•上司から、職務遂行に必要な情報、協力、支援を取りつける。協調性に欠けると思われることがないよう注意しつつ、上司に対して要請すべきことは要請する。
•次の理由から、重要な横の関係が多くなる。 ①企業規模と組織機構の状況 ②多数の顧客、サプライヤー、労働組合、行政の存在 •これらの関係者とゼネラル・マネジャーの統轄組織との関係は、対抗的であることが多い。	•本社スタッフ、関連部門、関連事業部や重要な外部グループ（労働組合、行政、大口顧客）から協力を取りつける。抵抗やお役所仕事等に屈せず、彼らの協力を得て目標を達成する。
•ゼネラル・マネジャーの統轄組織の規模（配下の従業員数）および重要な職務に就く部下の数 •多様性と変化がもとで生ずる、人に関わる問題の数と種類	•部下たちをやる気にさせ、管理する。業績不振、部門間の対立などを解消する。

意思決定はますます不確実になってその要求水準も厳しさを増す。さらに、扱いにくい上司と良好な関係を築くことも困難であろう。

こうした要因とゼネラル・マネジャーへの影響は、図表2－1と図表2－2からも読み取れるだろうが、この関係をより明確に要約したのが図表2－5である。

マネジャー（特に経営陣）の職務の違いに焦点を合わせた研究は少ないが[注12]、その結果は、本調査から明らかとなった事実と一致する[注13]。同様に、組織内部の差を生み出す重要な変数の明確化に焦点を合わせた最近二〇年間の広範な組織研究の結果も、本調査の結果と一致している[注14]。

ゼネラル・マネジャー像　その❶

本調査の対象であるゼネラル・マネジャーには、二つの特徴がある。第一に、意思決定と施策実行において、きわめて大きな問題に直面していたことである。不確実性や多様性、膨大な量が特徴である情報環境と、人数の多さ、ばらばらな方向性、依存関係によって特徴づけられる人的環境の双方が相まって、ゼネラル・マネジャーに深刻な知的課題と対人関係の問題を突きつけていた。さらに、図表2－6の現代企業の趨勢からも明らかなように、ゼネラル・マネジャーに対する要求は増加している。事業の多角化と成長、イノベーション、規制、グローバル競争などはすべて、ゼネラル・マネジャーへの要求を複雑化させる要因である。同時に、権威者に対する労働者の態度の変化、労働力の多様化、労働人員

図表2-6◉企業の課題とゼネラル・マネジャーへの影響

現代企業の趨勢		職務に関する要求への影響
•多角経営 •企業成長 •新技術の開発 •政府規制 •グローバル競争	▶	職務上の責任に関して、短期・中期・長期の課題がより複雑化する。
•権威者に対する労働者の態度の変化 •労働力の多様化 •成長による人員拡大 •従業員の教育水準向上	▶	職務上の対人関係に関して、上司、同僚、部下との関係の管理がより困難になる。

の増大、従業員の教育水準の向上などが、ゼネラル・マネジャーの対人関係についての要求を難しくしている。こうした傾向は、すべてのマネジャーに共通の課題であるとはいえ、ゼネラル・マネジャーにとり少なくとも二、三のケースでは、「困難な要求」から「不可能な要求」となっていた。

第二に、本調査で研究したゼネラル・マネジャーの職務は、互いに多くの点で異なっていた。核となる類似性はいくつかあるものの、それぞれの職務要求には違いが見られた。それは、ゼネラル・マネジャーの職務、事業内容、所属する企業の違いから生じるものである。

本章で明らかにしたパターンによる違いは重要である。過去数十年間で新しいタイプのゼネラル・マネジャーが生まれ、組織規模の違いや製品・市場の成熟度の違いが広がるにつれ、それらの違いも明らかに大きくなってきた。今後も、その傾向は続くと見られる。そのため、パターンの違いがもたらす影響も大きくなるであろう。さらに、次章で見るように、その違いは、有能なゼネラル・マネジャーの個人特性の差とも関連している。

The General Managers: Personal and Background Characteristics

第3章 ゼネラル・マネジャーの人物像

――個人特性と経歴特性

ゼネラル・マネジャーの能力の源泉

事業統轄責任者《ゼネラル・マネジャー》は、当然、ゼネラリストであると考えられている。ゼネラル・マネジャー自身もそう考えている。本調査の対象となったゼネラル・マネジャーたちは、他部門や他社、行政機関、ビジネススクールなど、どんな組織でもうまくやっていけると考えていた。ただし、彼らは他の仕事に就きたいと思っていたわけではなく、ゼネラル・マネジャーという職務に満足していた。彼らは、自身も含めて有能なマネジャーが本気で取り組めば、不可能なことはないと信じていた。それは、経験豊かなプロフェッショナル・マネジャーはどんなことにも手腕を発揮できるという信念であり、経営学者をはじめ多くの人々も、この信念を共有している。しかし、本調査の結果は、その考えがまったくの誤りであることを明示している。

本調査のゼネラル・マネジャーはほぼ全員が高度に専門化していた。それは、事業環境の要求に適合する個人特性を持っているということである。一五人のゼネラル・マネジャーの職務上の要求と人物像には共通点も相違点もあった。それらが生み出されたプロセスは、この世に生を受けた時点から調査時点まで続いていた。この過程で、ゼネラル・マネジャーは、事業や経営、特定の産業・企業においてだけでなく、マネジメント職そのものにおいてもみずからを専門化してきたのである。本章ならびに次章で明らかにするが、このような専門化は、ゼネラル・マネジャーという職務に課された大きな要求に対処するための能力要件の中核をなすものである。

そのパターンを調べるために、まずはゼネラル・マネジャーに共通の個人特性を概観し、次に共通の経歴特性に焦点を当て、最後に、個人特性や経歴特性の違いを見ることにしよう。

個人特性の共通点

今回調査した一五人のゼネラル・マネジャーは、職務を全うしているという基準から選ばれた人々である。年齢や出身地の分布が偏らないように配慮した点を除けば、選択にあたって、個人特性や経歴そのものに検討は加えなかった。実際、積極的に手を打たなくても、個人特性や経歴に偏りは見られなかった。

しかし、その多様性に驚かされた。身長、年齢、保守か革新か、柔軟か頑固か、北部出身か南部出身かなどの点で違いがある一方で、詳しく見ると多くの共通点があぶり出された。たとえば、一五人のゼネラル・マネジャーのほぼ全員に共通した個人特性は一〇個以上存在する（図表3－1参照）。その多くはモチベーション、知能、気質、適応性など基本的パーソナリティに関するもので、そのほか成人後に発達、蓄積された情報と対人関係に関するものもある。

●基本的パーソナリティ

基本的パーソナリティについて、ゼネラル・マネジャーの調査結果に一貫しているのは、権力志向、達成志向、向上心、情緒安定性、楽観主義、知的能力、分析能力、直観力、人柄のよさ、事業に関わる多様な専門家たちとの関係を構築する能力などである。[注1]

調査対象のゼネラル・マネジャーは、一、二名を除いて達成志向が強かった。これまでの人生で最良の出来事は何かという質問に対し、多かった回答二つのうちの一つは、事業成果の達成であった。ダン・ドナヒューは次のように答えている。「昨年の一〇〇万ドルの赤字から、今年は三五〇万ドルの黒字になりました。部門みんながその達成感を味わっています」。

職務満足に関する質問に対する回答からも、達成志向の重要性がわかる。ゼネラル・マネジャー一五人全員が多かれ少なかれ職務に満足しており、仕事をうまくこなしている人ほど、職務への満足度は高かった。[注2] 周囲の人々も、達成志向の強さに気づいていた。たとえば、勝つこと、一番になることが好きなマイケル・リチャードソンについて、部下は「リチャードソンは、この調査の対象者のなかで最高のゼネラル・マネジャーに選ばれることを願っていることでしょう」と語っている。

最良の出来事への回答のもう一つは、最近の昇進であった。一人の例外を除いて、地位と権力に強い願望を持っており、彼らは、社内で高い地位と権限を持つ現在の職位を楽しんでいた。周囲の人々の指

図表3-1◉個人特性の共通点

基本的パーソナリティ

モチベーション
- 権力志向
- 向上心
- 目標達成志向

気質
- 情緒的安定、沈着冷静
- 楽観的

知能
- (才気煥発とまではいかないが)平均以上の知能
- 優れた分析力
- 強力な直観力

適応性
- 人柄がよく多くの人々との関係を発展させるのがうまい
- 興味の対象が広く、さまざまな事業スペシャリストとの関係を構築できる

蓄積した情報および対人関係

情報
- 担当事業について精通している
- 統轄組織について精通している

対人関係
- 組織内の多数の人々と協力関係にある
- 業界内の多数の人々と協力関係にある

摘と私自身の観察によれば、ゼネラル・マネジャーたちはためらうことなく権力を行使しているようだった。この点に関しては、チャック・ゲインズが好例であろう。

「二年前、子会社のファイアブランド社を担当していた時のことです。ある製品が安全性の面で問題を引き起こす可能性があることに気づきました。製品を回収すべきであることははっきりしていました。道義的に見ても長期的に見ても、それは当然です。しかし、従業員たちは悪影響が出ることを嫌がりました。実際、四半期分の利益が吹っ飛び、一部のディーラーを動揺させるなどのダメージが予測されました。こうなると、製品開発や製造担当者は保身的になります。もう、本当に回収に反対する圧力は強かったですよ」。それにもかかわらず、ゲインズは遅疑逡巡することなく、回収を断行した。

これら二点に関連して、ゼネラル・マネジャーの大半は強い意欲と向上心を持っていた。すでに高い職位に就き高給を得ていたにもかかわらず、より重責を担える地位、より大きな権限、より多くの収入を望んでいた。うち数名は巨大企業のトップを務め、トム・ロングやリチャード・ポーリンなどはその仲間に入りたいと考えていた。他は、ダン・ドナヒュー、ジェラルド・アレン、リチャード・パポリスのように、CEOの地位までは望まなくても、会社の命運を左右する大きな役割を演じたいと願っていた。そして、ほぼ全員がより多くの収入を求め、自分のキャリアがどの程度成功しているか、収入を同年代の経営幹部と比べて判断していた。実際、キャリアに対する満足度は、同年代の人と比較した収入額と強い関連があった。[注3]

気質に関しては、ほぼ全員が情緒的に非常に安定していた。[注4] このことは直接観察できたし、周囲の人々もこれについて何度も言及していた。リチャード・ポーリンの部下の一人は次のように表現している。「みなが壁に突き当たって意気消沈している時でも、リチャードはいつものように冷静です。彼は、我々と違って、躁と鬱のサイクルに陥ることはありません」。

他のゼネラル・マネジャーに会っている時、私はこれと似た場面に何度も遭遇した。強く印象に残った場面はいくつかあるが、たとえば、ジョン・コーエンの部下の一人がヒステリックに彼の部屋にやってきた時のことである。コーエンは、彼を冷静な目で見つめて、「フレッド、まあ座って。事情をすべて話してみろよ」といつも通りの落ち着いた声で語りかけていた。

調査対象のゼネラル・マネジャーの多くは楽観的であった。他の人々には水平線に暗雲しか見えない時でも、彼らはチャンスと明るい徴候を見ることができた。このことはゼネラル・マネジャーの見た目や発言のほか、時には彼らに対する批判からも明らかだった。

適応性に関しては、親しみやすい性格で、程度の差はあるが人間関係を作り上げるのが上手な人が多いことが、観察からも明らかだったし周囲の人々も指摘していた。この点に関しては、ポール・ジャクソンが最高だった。私は彼に会ってわずか一時間後には、彼を古くからの友人のように思えたし、彼の部下から、「職場の者全員がポールにすごく好感を持っています」と聞いた時も驚きはなかった。

対人関係への適応に関して、ストロング－キャンベル職業興味調査質問票におけるゼネラル・マネジャーたちの回答は、ある一つのパターンを示していた。多種多様な経営スペシャリストと付き合う非凡な能力を備えているということである。[注5] たとえば、トム・ロングは、同テストで、マーケティングと営業関係の四つの職種、業務関係の三つの職種、財務関係の二つの職種、社外関係の三つの職種、法律関係と人事関係の職能で適性を示す高得点（四〇点以上）を獲得した。[注6]

知能に関しては、ほぼ全員が平均以上のようであった。「ようであった」というのは、標準的な知能テストをしたわけではないからだ。ここで言う平均以上とは、周囲の人々へのインタビューから得た結論である。それによれば、一五人中二人だけが、「非常に知能が高い」、すなわち、知能テストで一四〇以上はあると見られていた。たとえば、あるゼネラル・マネジャーの部下一〇人と面接したところ、上司の知能にまったく言及しなかったのは二例にすぎず、半数以上が彼を「聡明」あるいは「知的」と表現し、うち五例は「才気煥発」などと強調した。

これらのゼネラル・マネジャーは分析力も直観力もそれなりにあり、体系的、演繹的かつ帰納的な思考はできていたようだ。しかし、彼らは高度に培われた「直観的洞察力」も同時に備えていた。周囲の人々がインタビューで繰り返し指摘したのは、「適切な判断力を持つ」「分析に長けている」「体系的に考える」「問題点の指摘がうまい」「論理的」などであった。

事業知識と対人関係

これらのゼネラル・マネジャーたちには、基本的パーソナリティのほか、事業知識や対人関係においても多くの共通点がある。担当事業に精通し、社内にも業界にもくまなく人間関係のネットワークを張り巡らせている。

程度の差こそあれ、ゼネラル・マネジャーは当該事業の専門家であり、製品、競合他社、市場、顧客、技術、労働組合、業界への政府規制を熟知している。さらに、社内の人々、組織上の諸手続き、会社の歴史、個々の製品など、自社内のことにも精通している。

ゼネラル・マネジャーが具体的な事業知識をどれくらい持っているかを説明するのは難しい。私はそれを判定するだけの尺度を持っていない。しかし彼らに接してみて、数週間、数カ月、いや、数年間のインタビューをしても、彼らの知識をすべて聞き出すことは不可能であることがわかった。というのも、ゼネラル・マネジャーは事業と会社について、百科事典のように詳細な知識を持ち合わせているのだ。[注7]

そのうえ、上司、同僚、部下のみならず顧客、サプライヤー、組合幹部、競合他社、政府の役人など、社内や業界の数百人に及ぶ人々と協力関係を築いていた。たとえば、ジャック・マーチンと一緒に仕事をした人々によれば、彼は社内外の一〇〇〇人以上の人々をよく知っていた。彼らはマーチンに好感を持ち、尊敬したり義理を感じたり、あるいは彼を重要人物と見なしていた。そのうちの一人は次のように語った。「彼がファースト・ネームで呼び合う間柄の人の数のほうが、私がただ会うだけの人の数より多いかもしれません」。

本調査のゼネラル・マネジャーのなかには、事業に関してマーチン以上の数の人々と協力関係を築く人もいた。他はマーチンほどではないとはいえ、ほぼ全員が多くの人々と協力関係を構築していた。

◉共通点を生む職務要件

本調査におけるゼネラル・マネジャーには、仕事に対するモチベーション、知能、気質、情報、対人関係など一〇項目以上の個人特性に共通点があった。

ゼネラル・マネジャーの個人特性に焦点を当てた研究はほとんどないが、図表3－1の諸項目、とりわけ基本的パーソナリティが一五人だけに共通するものでないことを証明する研究はいくつかある。[注8]だが、今回とは異なるメンバーで調査を行った場合の結果は図表3－1とは異なるかもしれないし、図表3－1の個人特性がゼネラル・マネジャーを他のマネジャーあるいは一般人と区別するかについて疑問を感じる方もいよう。その点については、豊富なデータの裏づけがなければ明確な答えは出せないが、今回、共通点を挙げた理由を、職務との関係から論理的に説明できるかどうか検討することはできる。

第2章の冒頭で、ゼネラル・マネジャーには、対人関係や事業知識に関して要求される難題が山のようにあると指摘した。こういう職務では、一方で、膨大かつ複雑多様な相互依存的活動に責任が生じ、そうなると状況が不確実で多様であり、関連情報が大量にあるなか、問題解決を決断することがきわめて困難になる。

他方、上司、多くの部下たち、および配下にない人々にも依存するようになって、事を成し遂げるのも容易ではない。図表3－1を注意深く見れば、個人特性の共通点は、必須とは言わないまでも、図表3－2のように困難な環境下では有効な要件であることがわかる。

担当事業と組織に関する広範な知識は、きわめて複雑な状況下での効率的な意思決定にとって不可欠である。膨大な量の関連情報を分類し、その意味を理解するうえで、そうした知識は手助けとなる。単純明快な状況下では常識が案内役となりうるし、重要な知識も短期間のうちに習得できるだろうが、きわめて複雑な状況下ではそうはいかないからだ。

平均以上の知能、分析力、直観力といった認知特性も同様に有効である。これによって、膨大かつ複雑極まる情報の収集と、それらの分析が可能となる。同じく、楽観的な性格や、何事かを達成しようとする意欲も、ゼネラル・マネジャーの複雑で困難な職務のなかに、図表3－1に掲げた能力を使いこなしたいという願望となって開花しているのである。この意味で、知能もモチベーションも共に必要であ

図表3-2◉個人特性の共通点と職務上の主要な要求との関係

ゼネラル・マネジャーの職務 職務上の主要な要求	ゼネラル・マネジャーの人物像 個人特性
責任と対人関係 •膨大かつ複雑で多様な相互依存的諸活動に対して責任を持つ。 •上司、多くの部下たち、および配下にない人々に依存している。	**蓄積された情報および対人関係** •担当事業や統轄組織について精通している。 •統轄組織および業界内に広範な人間関係を張り巡らせている。
派生する要求 •状況が不確実で多様であり、関連情報が大量にあるなか、明確な意思決定をする。 •直接的な指揮下にない人々（上司、部下、その他）と共に目標を達成する。 •全体的にはかなり要求の高い職務であるが、それに見合う地位と収入を得る。	**基本的パーソナリティ** •平均以上の知能、優れた分析力・直観力、楽観主義、目標達成志向を持つ。 •人柄のよさ、権力志向、対人関係構築能力、情緒的安定、さまざまな事業スペシャリストとの関係構築力を持つ。 •向上心にあふれている。

るといえよう。

社内や業界中に限なく張り巡らされた人間関係は、他者に依存しなければならない状況で、目的を遂行し、意思決定するのに役立つ。こうした対人関係は、管轄外の人々や資源をも戦力化しうる。他者に依存しない場合は、このような関係の価値は激減する。なぜなら、自分一人で簡単に実行できるからである。

同様に、人柄のよさ、人々との関係を発展させ、さまざまな職種のスペシャリストたちとの交流を広げる能力は、多様な人々に大きく依存している状況下では非常に有益である。関係者とのつながりを維持・発展させ、それを使いこなす力を高めるなかで、権力、意欲、情緒的安定性などの個人特性が調和して、ゼネラル・マネジャーは対人関係に関し、思う存分持てる能力を発揮する。さらに、向上心は、人を高収入と高い地位の職務へと引きつけ、大きなプレッシャーや要求、難題があるにせよ、彼らをその職位に留まらせるという点で重要であろう。

換言すれば、図表3－1に描かれたゼネラル・マネジャーの個人特性に共通点が生じる理由は、おそらく、彼らの職務が、カギとなる多数の重要な側面において、これらの個人特性のほとんどないしすべてを必要とする点で類似していたということにある。これらの個人特性のおかげで、この職務に関連する困難な意思決定やその実行という問題に対処する能力とモチベーションの両方がもたらされる。ある意味では、これらの個人特性はきわめて困難な職務の要求にもかかわらず、そこで生き残り、さらなる成功をおさめるのに貢献するという理由で、ゼネラル・マネジャーの職務の中核的側面と適合している（図表3－2参照）といえよう。

さらに、本調査のゼネラル・マネジャーはみなかなり高業績であるという事実に基づけば、個々の職務との「適合性」が業績に関係すると解釈できる。それは、調査データからも明白に裏づけられる。

本調査におけるゼネラル・マネジャーの業績は、「優秀」「かなり良好」「良好」の三水準に分けられ、これらの差異を検討することにより、個々の職務との適合性に関連するあるパターンが見出された。すなわち、現在のゼネラル・マネジャーの職位に就いた時点で、その職務に付随する特殊な要求に適合した個人特性をすでに持っていた人ほど業績水準がより高かったのである。業績水準の高い人は、職務に関連する課題や活動の複雑さにうまく適応できる生まれながらの知性を備えていたばかりでなく、自分の事業や組織に関する知識も持っていた。また、彼らは、この職務につきものの他の人々に対する依存状況に、より適応する対人関係能力を持っていたし、また、そういう人間関係を作り上げてもいた。

業績水準の高い人に見られた高い適応性は、ゼネラル・マネジャーの側の強力な個人特性の結果であるとともに、ある程度は、職務の側の要求（とりわけ、対人関係に関わる要求）がそれほど大きくなかったためでもあると思われる。たとえば、「優秀」な業績の二人のゼネラル・マネジャーは共に周囲の人々から、「付き合いに長けている（つまり、人柄がよく対人関係を発展させるのがうまい）」と評されていた。「かなり良好」な業績の人の多くも同じように評されていたが、「良好」の分類の三人のうち、そう評された人は一人だけだった。「優秀」の部の二人は共にまわりの人たちから、「知能が非常に高く、判断力がすばらしい」と評されていた。「かなり良好」の部のほとんどの人も、同じように評されていたが、「良好」の三人のうち、そう評されたのは、一人だけであった。

要求された職務の観点からは、「優秀」の二人とも、職務に就いた時点では、その組織における部下の数は四〇〇人以下であった。このことは、「かなり良好」の人のほとんどにも当てはまる。しかし、「良好」の三人のうち、このことが当てはまるのは一人だけだった。さらに、「優秀」の二人はいずれも、業務担当ゼネラル・マネジャーや製品・市場担当ゼネラル・マネジャーおよび組織横断的な関係が要求された職務ではなかった。しかし、「かなり良好」の半数と「良好」のほとんどの人が、まさにそのような職務に就いていた。

このことから、ゼネラル・マネジャーが高業績をあげるためには、図表3－1に見られる個人特性の多くと「処理しやすい」職務が必要であるといえよう。事業上の判断力が優れている、対人関係能力が優れている、向上心にあふれるというだけでは十分でない。モチベーション、知能、気質、適応性、対人関係、事業知識などの個人特性が必要なのであり、[注9]そうしたいわば個人的資質が、ゼネラル・マネジャーの職務要求にどう適合するかが重要なのである。

経歴特性の共通点

経歴についても多くの共通点が観察された（図表3－3参照）。彼らは似たような家庭環境に育ち、教育や職歴も似ている。それらを偶然のものと考えるのは無理がある。先述の個人特性を形づくるうえで、職歴が中心的な役割を果たしていたために、図表3－3で示されるような共通パターンが見出された可能性が高い。

幼少期の家庭環境

ゼネラル・マネジャーの祖父母は中流階級ないし中の下の出身であるが、両親の代になると、中流ないし中の上と、社会的地位を向上させた。調査対象中一三人が実父母のもとで育ち、両親との関係はうまくいっていた。フランク・フィローノはその好例である。彼は愛情を込めて両親のことを話してくれたが、特に母親については、「私が今までに会ったなかで最も温かみのある人だ」と言う。自分に影響

図表3-3◉経歴特性の共通点

幼少期の家庭環境

- 両親は一家の社会的地位を向上させた。
- 成長期は実父母と同居していた。
- 両親あるいは父親か母親のいずれかとの関係は良好である。
- 両親のうち少なくとも一方は2年制ないし4年制大学を卒業した。
- 父親が事業に携わっている、もしくは事業以外の場でマネジャーを務めている。
- 兄弟や姉妹がいる（一人っ子ではない）。

学歴

- 大学ないし大学院（修士）を卒業した。
- 事業に関係のある学位を取得した。
- 高校、大学のいずれかあるいは双方で、生徒会長や学生自治会長、運動部の主将、文化系のクラブの部長の経験がある。

職歴

- 自分の関心や価値観に適合した企業ないし業界に就職（あるいはそのような企業を創設）した。
- キャリアの大半を1つの業界で過ごしている。
- キャリアの大半を現在の会社で過ごしている。
- 1つ（多くとも2つ）の職能分野で昇進してきた。
- 昇進ペースが速い。
- キャリアの初期（34歳から40歳の間）にゼネラル・マネジャーに昇進した。

を与えた人々や出来事について尋ねると、すぐに彼は両親との親密な関係について話し始めた。「両親は大きな期待をかけてくれ、あれこれ援助してくれました」。

　両親のうち少なくとも一方が（二年制か四年制の）大学を卒業している人が大半を占めた。修士号を持つ父親は二人だけだった。たとえば、リチャード・ポーリンの父親は大学卒で母親は短大卒である。ほとんどの父親は、マネジャーないしセールスマンなどで事業に携わっており、ほかには、海軍幹部、地方の郵便配達員、農場経営者、医者、法曹家が一人ずついた。

また全員に、兄弟か姉妹が一人はいて、一人っ子はいなかった。兄弟姉妹が一人いるのは四名、二人いるのは六名、三人いるのは三名、四人ないし五人が各一名ずつであった。第一子ではない場合がほとんどで、そのうち末っ子が四名もいた。

◉学歴と職歴

一五人全員が大学を卒業し、うち三人が名門校（ハーバード、UCLA、プリンストン）の出身である。修士号（大半がMBA）を持つ人も多く、また、ほぼ全員が、経営学、経済学、工学といった実業に関連のある学位を取得していた。

調査対象者のほとんどは、高校・大学時代に学生のリーダーを経験している。スポーツチームのキャプテンが多いが、クラブ活動の部長や学生自治会長などもいる。つまり、彼らはみな、一〇代の頃からリーダーシップや管理に関心を示していたわけだ。ボブ・アンダーソンはこの典型である。高校では卒業記念アルバムの編集長と二つのクラブの部長を務めた。大学ではクラス委員長となり、男子学生友愛会による投票で、「注目すべき新人」と「卓越した上級生」に選ばれた。

一五人の大半が卒業後はかなり早い時期に、自分の関心と価値観に適合した業界や会社に落ち着く——兵役や数回の転職を経験した後、というケースもある。ひとたび腰を落ち着けるとずっとそこに留まり、ほとんどの人がキャリアの九〇％を本調査時点で属している業界で過ごし、一人だけが関連業界で過ごしていた。平均して、キャリアの八一％は現在の会社のものだ。今の会社以外でキャリアの半分以上を過ごしてきたのは三人だけだった。経営幹部は会社を渡り歩くとよく言われるが、我々が調べた限り、それは当てはまらない。むしろゼネラル・マネジャーは一つの特定の業界と会社に専念していた。

これらのゼネラル・マネジャーは現在いる会社での昇進が早かった。彼らは「成功方程式」とでも呼ぶべき次のようなキャリアを展開していた。

- 初期の課題をうまくこなした。
- それにより昇進したり、より高度な課題を与えられた。
- これが自尊心とモチベーションを高め、公式・非公式な権限が増し、さらに多くの権力を獲得する機会を得た。挑戦的な課題によって鼓舞され、能力に磨きがかかった。
- このことで（経営陣のなかにいる理解者との関係を含めた）対人関係が広がり、また、職務に関する知識に加えて、対人関係能力や知的能力も増大した。
- そのおかげで、再び高業績をあげることができた。
- その結果、さらに昇進して高度な課題に挑戦する機会が与えられた。
- 以上の好サイクルが繰り返された。

こうした成功方程式に後押しされたゼネラル・マネジャーは平均二・七年ごとに昇進し、そのたびに、より責任の重い仕事を任される。多くはキャリアの初期に事業の中核を担う一つの職能分野を担当しており、二つの職能分野を経験して昇進する人は少なく、三つ以上の経験者は一人もいない。三四歳から四〇歳の間にゼネラル・マネジャーに昇進した例がほとんどで、これより早くに昇進した人は一人、遅い人は三人いる。少数の例外を除いて、彼らは比較的早い時期にゼネラル・マネジメントの世界に入り、その範囲内でそれぞれの職務に専念する。

本調査のゼネラル・マネジャーたちの大半は、第2章で述べた七タイプの職務のうちの一つしか経験していない。たとえば、新規市場とかなり年数を経た既存市場の両方でゼネラル・マネジャーを務めた人は一人もいなかった。規模についても同様で、大小双方の組織の経験者はごく少数だった。

最後に、一人の例外を除いて、すべてのゼネラル・マネジャーは、社会経済的な意味で上昇志向が強い。彼らは社会的地位と収入の面ですでに父親を超えており、三分の二の人々は父親よりはるかに高いそれらを獲得していた。B・J・スパークスマン――彼の父親は郵便配達員であった――のように、父親の収入の一〇倍ほどを稼ぐ人もいた。

以上の経歴特性は本調査のゼネラル・マネジャー全員に当てはまるものだが、いくつかは特に優れた業績をあげる人々について顕著である。そのような人物には次のような特徴がある。

- 父親もマネジャーであった。
- 両親との関係は非常にうまくいっていた。

- 二人以上の兄弟姉妹がいる。
- 修士号を取得している。
- 自分にぴったり合った会社で働いている。
- 「成功方程式」を展開しているケースが多い。[注10]
- 成功サイクルの持続に手を貸してくれる強力な理解者がいる（業績評価が「良好」の人で、CEOに理解者がいる人は一人もいなかった）。

◉――なぜ経歴が似るのか

ゼネラル・マネジャーの経歴の共通点は本調査の対象に特有なものではない。事実、その証拠がいくつか存在する。たとえば、ゼネラル・マネジャーは一つの会社に腰を落ち着けてキャリアの大部分を過ごすという我々の発見は、一般的認識に反しているかもしれないが、少なくとも『フォーチュン』誌、[注11]コーン・フェリー・インターナショナル、[注12]カンファレンス・ボード、[注13]アーサー・ヤング、[注14]その他による[注15]調査結果は、すべて我々の結論を裏づけるものだ。二〇〇人以上のCEOについてのイギリスの最近の調査[注16]などいくつかの調査[注17]は、我々のそれ以外の結果を支持してもいる。となれば、このようなパターンが生じる論理的理由が気になる。

経歴特性の共通点と人物像が合致する理由を理解するには、図表3－1の個人特性がどのように発達してきたかを考察するとよい。ゼネラル・マネジャーの経歴に多くの共通点が見られる理由は、経験を通じて共通の個人特性——ゼネラル・マネジャーに要求される困難な職務を効果的にこなすのに役立つ——が形成されるためである（図表3－4参照）。

本調査に典型的なゼネラル・マネジャーは、上昇志向の中流階級の両親と親密な関係があり、父親は大卒で実務か管理の仕事をし、二人か三人の兄弟や姉妹がいた。そのため早くから、上司、同僚、部下との対人関係のありようはもちろんのこと、上昇志向という美徳を受け継ぎ、教育を受け、ビジネスの世界に触れる機会があった。このような環境下で、彼らが、向上心や平均以上の知性、楽観的で穏やかな性格、高いモチベーションや人柄のよさ、対人関係能力を磨くと共に、ビジネスにまつわるあらゆる事柄に関心を深めていったのは当然であろう。

だからこそ、彼らは高校時代にリーダーとなったのであり、その経験はおそらく満足のいくものであったはずだ。向上心が彼らを大学、大学院へと進学させ、ビジネスの世界に対する関心は、専攻分野（経済学、経営学、工学など）の選択に影響したと考えられる。

卒業後は、向上心、権力と成功への欲求、対人関係能力、知能、楽観主義、安定した情緒などが相乗効果を発揮し、キャリアの初期段階で高成績をおさめ、経営陣からの覚えもめでたく有益な対人関係を発達させた。能力と努力、それにこうした人間関係に加えて、おそらくはいくらかの幸運が手を貸し、トントン拍子でゼネラル・マネジャーに昇進した。

早くから一つの業界や会社に腰を落ち着ければ、四〇歳代後半までには業界と企業に精通する。同様

図表3-4◉有能なゼネラル・マネジャーの発達過程と職務の適合性

家庭環境

（通常は）両親と兄弟姉妹のいる家庭に育つ。両親のうち少なくとも一方が（2年制か4年制の）大学を卒業している人が大半を占め、両親と仲がよい。父親は一家の社会的地位を向上させ、事業に携わっているか、事業以外の場でマネジャーをしている。

▼

基本的パーソナリティ

平均以上の知能を持ち、楽観主義的かつ情緒安定的な人間に成長している。権力志向、目標達成志向で、向上心にあふれている。人柄のよさ、対人関係能力を備え、また、さまざまな事業スペシャリストとの関係構築に高い関心を持つ。

▼

教育

ビジネス関係の大学教育（両親が受けた以上の）を受けている。高校、大学のいずれかあるいは双方で、スポーツチームのキャプテンや学生自治会長などリーダーを経験した人が多い。

▼

キャリア・パス

自分の関心や価値観に適合した業界ないし企業にキャリアの初期に落ち着き、そこに留まる。成功方程式を経て、1つ（多くとも2つ）の職能分野で、速いペースで昇進し、30代のうちに最初のゼネラル・マネジャー職に就く。

▼

事業知識および対人関係

長年勤務する間に、業界や自社について精通する。社内および業界内の人々と広範な人的ネットワークを持ち、経営幹部の理解者も多い。

➡

次の2点について困難な職務要求に適合しながら、ゼネラル・マネジャーとしてのキャリアをスタートした。

❶事業と組織に関する知識と生来の知能

↕ 適合

課題と活動の複雑性

---

❷人間関係と対人関係能力

↕ 適合

職務に固有な他者への依存関係

に、業界や社内に広範な人脈を作り上げられる。ゼネラル・マネジャーはこうして獲得した経歴特性と、若い頃からの能力と個人特性とが相まって、効率的に仕事をこなせるようになり、成功をおさめ、より高い地位に昇進できたのだろう。

大変な野心家であるにもかかわらず、ゼネラル・マネジャーが会社を転々としなかったのにはさまざまな理由がある。第一に、事業や組織に関する詳細な知識と広範な対人関係は、他社では役に立たない。新しい職場ではこれらを一から作り上げにくい。したがって、高い地位にいながら何回も会社を移りつつ、そのつど成功をおさめることは至難の業なのである。

第二に、成功確率が高くても、典型的なゼネラル・マネジャーなら会社を移りはしなかったであろう。早い時期に責任や忠誠心の重要性に気づいて、会社に骨を埋めようと覚悟したかもしれないし、今の会社に留まることに満足していたかもしれない。

これを証明するのは、図表3－4で示したシナリオの中の他の部分を証明すること以上に困難だが、その力学は発達心理学の発見事実[注18]とも一致しており、ゼネラル・マネジャーの経歴特性の共通点を論理的に説明してくれる。さらに、少なくともそこからは重要なことがわかる。ゼネラル・マネジャーの一連の特性は、長い時間をかけて、つまり、全生涯にわたるさまざまな出来事を通じて発達するのであり、一朝一夕で生まれてくるものではないということだ。

個人特性と経歴特性の相違点

ポール・ジャクソンとマイケル・リチャードソンは年間収入が一五万ドル以上、キャリアも順調に形成してきたゼネラル・マネジャーだ。彼らは図表３－１、図表３－３にある個人特性と経歴特性のほとんどが共通していた。一方、多くの相違点も見られた。ジャクソンの父親は農業に従事し、リチャードソンの父親はメーカーの経営幹部であった。ジャクソンは中西部のプロテスタントの家庭で育ち、リチャードソンの家庭はカトリックで東部に住んでいた。ジャクソンは三人兄弟の第二子、リチャードソンは六人兄弟の第四子であった。ジャクソンは両親ときわめて仲がよく、二人から大きな影響を受けたと言う。リチャードソンは両親との関係は薄かった。ジャクソンは公立学校を出て州立大学で理学士号を取った。リチャードソンは私立高校を出て、アイビー・リーグの大学と大学院（ＭＢＡ）でそれぞれ学位を得ている。卒業後、ジャクソンは海軍で一時期を過ごした。リチャードソンは兵役につかなかった。キャリアの初期で、ジャクソンは生産部門や技術部門に勤務し、リチャードソンは財務関係で働いた。

私は二人とも興味深い好ましい人物だと感じたが、相違点が多いことにも驚いた。ジャクソンは温厚かつ外向的な性格、リチャードソンは、本人に言わせれば、いくぶん内気である。ジャクソンは綿密なタイプとは言いがたいが（伝統的な知能テストでは平均をやや下回るようだ）、リチャードソンは頭の回転が速く聡明であった。ジャクソンは衣服、事務所の内装、政治的見解から見て保守的だが、片やリチャードソンはリベラルで目立つ存在だ。ジャクソンはゴルフと木彫を好み、リチャードソンは写真と外洋での釣りを好む。

共通点と同じく、ゼネラル・マネジャー間の相違点もまた、納得のいく明快なパターンを示していた。相違点は、年齢（あるいは育った時代）と職務の違いに関連するものが多い。さらには、職務に就くプロセス、ならびに就任時点の各人特有の環境によるものである。

●年齢に関する相違点

ゼネラル・マネジャー間の相違点のいくつかは、彼らの生まれ育ちの時期に関係する。具体的には、本調査の七人の年長者（平均年齢五三歳）と八人の若手（平均年齢四一歳）では、次のような点で異なる。若手のゼネラル・マネジャーたちは、高学歴の両親、専門職ないし経営幹部の父親、多様な宗教的背景などの特徴を持つ家庭で育った。多くは第一子であり、当人も高学歴である。兵役の経験者は少なく、最初の妻と離婚し、ゴルフはやらず、妻が職業を持っている例が多く、仕事と家庭生活の区別を付けるべきだという強い信念を持っている。

若手のゼネラル・マネジャーと年長者のそれとの相違は、この三〇年間に起こった大きな社会的・経済的変化を反映している。たとえば、国民の教育水準は世代ごとに上がってきているので、当然、若手ほど両親も彼ら自身も高学歴である。また、兵役経験者が少なく、結婚と離婚の経験者が多く、夫婦共働きで、ゴルフよりテニスをするという傾向は、第二次大戦後に育った人々（終戦時、若手は平均七歳、年長者は一九歳であった）に共通する。

このように、社会的・経済的な時代の趨勢を考えれば、若手と年長者の差異はむしろ当然であろう。それでも、年齢に関連した相違点が多いことは注目に値する。なぜ企業は、この重要な事実に気づかないのだろう。

◉個人特性の相違をもたらす職務上の要因

年齢だけでなく、個人特性と職務それぞれの相違点の間にも関連性は多い。具体的には、職務上の要求の内容が異なれば、その職務に就く人々のタイプも異なるようである（図表3－5参照）。図表3－5に示されているパターンは図表3－2で明確にされた基本的パターンを延長したものである。我々は、先に図表3－2において、ゼネラル・マネジャーが、第2章で明確にされ議論された職務の中心的要求に対処するのに大いに役立つ個人特性を共通して持つようになることを確認した。職務の要求が変われば、個人特性も異なってくるのである。

知能、分析力・直観力、楽観主義、達成志向、事業や組織についての知識などは、あらゆるゼネラル・マネジャーに共通し、固有の責任に対処するのに役立つ個人特性だが、たとえば、意思決定が非常

図表3-5◉**ゼネラル・マネジャーの個人特性の相違をもたらす職務上の要因**

ゼネラル・マネジャーの職務

責任と対人関係

- 膨大かつ複雑で多様な相互依存的諸活動に対して責任を持つ。
- 上司、多くの部下たち、および配下にない人々に依存している。

派生する要求

- 状況が不確実で多様であり、関連情報が大量にあるなか、明確な意思決定をしなければならない。
- 大半が直接の指揮下にはない多種多様な人々を通じて職務を遂行しなければならない。

全体的にはかなり要求の高い職務であるが、それに見合う地位と収入を得る。

↕

- 全般的に個人特性、職務の中核的な要求に適合している。
- 意思決定に対する要求が厳しいほど、個人特性もより強力になる。
- 実行に対する要求が厳しいほど、個人特性もより強力になる。
- 全体的な要求が大きいほど、向上心もより大きくなる。

ゼネラル・マネジャーの個人特性

事業知識と対人関係

- 担当事業や統轄組織について精通している。
- 統轄組織および業界内に広範な人間関係を張り巡らせている。

基本的パーソナリティ

- 平均以上の知能、優れた分析力・直観力、楽観主義、目標達成志向を持つ。
- 人柄のよさ、権力志向、対人関係構築能力、情緒的安定、さまざまな事業スペシャリストとの関係構築力を持つ。
- 向上心にあふれている。

に困難な重責ある職務に就くゼネラル・マネジャーは、これらの特性がより強力である。同様に、人柄のよさ、対人関係能力、権力志向、情緒安定性、多様な事業スペシャリストとの関係構築力、社内ならびに業界の広範な人間関係などは、すべてのゼネラル・マネジャーにとって必要だが、これら一連の個人特性がとりわけ威力を発揮する職務、つまり、対人関係面での要求が厳しく実行が困難な職務に就くゼネラル・マネジャーは、これらをより強力に兼ね備えている。

本調査における一五人には、このようなパターンがほぼ当てはまる。たとえば、チャック・ゲインズは、事業規模と製品・市場担当ゼネラル・マネジャーの立場という二つの面から見ても、対人関係において高度の要求が課される職務に就いていた。存在感があり大柄でスポーツマンタイプの彼は、対人関係能力とセルフ・コントロールに長け、他のゼネラル・マネジャーよりも満足そうに権限を行使していた。彼はまた、CEOが理解者であるといった強力なコネを社内に持っており、他の多くの人々とも信頼関係を築いていた。

ボブ・アンダーソンのケースはそれとは異なる。アンダーソンは赤字事業を引き継いだため、責任面での要求が通常よりはるかに大きかった。しかし、独立事業部のゼネラル・マネジャーの立場で関わる人数も少なかった（しかも、同じ場所にいた）ため、対人関係面での要求はそれほどではなかった。このような状況で職務に就いていたアンダーソンは、本調査の他のゼネラル・マネジャーよりも知的で、特に分析力に優れていた。彼はまた、ゲインズほどシニカルではない楽観的な性格だった。キャリアのほとんどを現在と同じ業界で過ごしてきたので、他のゼネラル・マネジャーより事業に通じていた。しかし、対人関係のスタイルに関して言えば、ゲインズをライオンだとするなら、アンダーソンはテディ・ベアであった。

同様のパターン化は、ジャクソンとリチャードソンにもある程度当てはまる。ジャクソンは多数の従業員のいる多角化した成熟事業分野で製品・市場担当のゼネラル・マネジャーの立場にあった。それは対人関係が難しい職務だった。ジャクソンは対人関係能力に優れ、ずっと同じ会社でキャリアを積み、関係者を何千人も知っている。一方、リチャードソンは事業の立ち上げに参画した。一九七八年時点では、成長分野の小さな会社のCEOを務め、新しい展開を模索中だった。リチャードソンは平均以上の学歴があり、知能が高いと考えられていたことをここで思い出していただきたい。この二人の場合、基本的価値観や哲学までが、状況要因に適合していた。つまり、保守的なジャクソンは中西部の古くからの保守的な会社と業界で働いていた。リベラルで目立つ存在のリチャードソンは東部のより自由な新興企業で働いていた。

図表3－5に示したパターンは、ゼネラル・マネジャー間の相違点、つまり、ジャクソンのようなゼネラル・マネジャーもいれば、リチャードソンのような人物もいることを説明してくれる。しかし、ゼネラル・マネジャー全員がその職務に適しているとは限らないので、この共通パターンですべての差異を説明しきれるわけではない。実際多くのケースである程度見受けられた職務と個人の不適合には、より詳しく調べてみると、少なくとも三つの理由がある。

◉——不適合を生む主要因

ゼネラル・マネジャーの個人特性が職務と適合しないのは、職務要求が在職中に大きく変わってしまうからである。特に、時が経つにつれ事業が成長、成熟あるいは多角化していくと、それに伴う職務上の要求の変化にゼネラル・マネジャーの能力や性質がついていけないのだ。

もう一つの理由として、ゼネラル・マネジャーを選ぶ側の配慮が足りないことも挙げられよう。最新の人事システムはこれを重視しているはずだが、職務が異なれば必要とされるゼネラル・マネジャーのタイプも異なるということを最近になってようやく一部の会社が考慮し始めたにすぎない。[注19] これは、経営学の研究者らが、経営幹部の職務に「適合」という概念を体系的に応用してこなかったためである。[注20]

最もよく見られる第三の理由は、ゼネラル・マネジャーの選抜に当たって、候補者のなかに理想的な人物がいなかったことである。すなわち、人事決定者が、特定の職務に適合する個人特性を備えた人材を見つけられない場合である。理想的な候補者がいないという状況に直面した時、会社は通常、幹部候補グループから完全に適合しているともいえない人材を補充する、もしくは、そのグループ以外に目を向け、若手のスター社員を（ずっと上の職務へ）抜擢昇進させる。まだふさわしくない職務に若手スターを次々と昇進させている会社もある。このように早期に昇進した人にとっては、責任に対処するのに必要な能力、知識、人間関係を獲得することがきわめて難しい。その結果、若手スターは仕事についていこうとがむしゃらに働き、家族や仕事以外の活動に時間を振り向けられず、ストレスが膨張していく。注21この状況が長く続くと、いわゆる、「燃え尽き症候群」になってしまう。

小さな会社では、幹部候補の人材がそもそも少ないので、ゼネラル・マネジャーに適した人材の発掘が難しいことは理解できる。それに対して、大きな会社は候補者予備軍が豊富なのだから、なぜゼネラル・マネジャーの人材が不足するのか、理解に苦しむところだ。

本調査で、成功をおさめたゼネラル・マネジャーは複雑で長いプロセスを経て職務に必要な個人特性を発達させてきたことを明示したが、それほどゼネラル・マネジャーの育成には長い時間がかかるというのが、人材不足に対する合理的な説明であろう。会社がこのプロセスを根気よく管理する気がなければ、大企業といえども、ゼネラル・マネジャーにふさわしい個人特性を兼ね備えた人材を社内に確保することは難しい。にもかかわらず、本調査の対象企業で、発達プロセスの管理を積極的かつ体系的に行っているところは一社もなかった。

ゼネラル・マネジャー像　その❷

多くの人々は、経理、財務、技術などの職能分野に専念して働いているのがスペシャリストだと考えている。本調査のゼネラル・マネジャーは自分自身をスペシャリストではなく、最も広い意味でゼネラリストであると考えていた。そのため彼らは、他の企業や業界はもとより、官庁においてさえもゼネラル・マネジャーとしてやっていけると思っていた。多くのマネジャーも経営学者たちも一様に、一流のプロフェッショナル・マネジャーであれば何でも管理できると信じており[注22]、本調査で我々が発見した事実と一致した見解は見当たらなかった[注23]。

さらに、時代の趨勢を見ても、将来的にゼネラル・マネジャーの専門性が減ずるという証拠はない。ゼネラル・マネジャーの人物像が変化しないと言っているのではなく、事実はまったくその逆である。本章で検討した通り、若手と年長のゼネラル・マネジャーの間には多くの相違点があり、それは過去三〇年間の社会的・経済的変化を反映していると見られている。それにもかかわらず、若手と年長者の間に企業間・業界間の移動についての相違は見当たらない。両者とも、キャリアの九〇%を同じ業界、八〇%を同じ会社で過ごしている。図表3-1、図表3-3に示した以外でも、両者間の相違は少ない。

ゼネラル・マネジャーのような特定の狭い範囲でだけ人は効率的に仕事をこなすことができるなどと結論づけることはできないものの、そのような限定的な職務領域でさえ、ほとんどのゼネラル・マネジャーはどこでも効率的に仕事をこなせるわけではないと言えよう。さまざまな相違が重要であり、したがって適合が必要なのだ。長い時間をかけて専門性を築いてきた姿が、ゼネラル・マネジャーの標準なのだ。

本章の調査結果は、マネジャーにふさわしい個人特性が、生来のものか後天的なものかという従来の論争に対して興味深い示唆を与えている。いずれの立場も現実的ではない。前者では、生まれた環境によって後年の成功が決定し、後者によれば、環境とは関係のない出来事によって成功が決定することになる。後者の典型的な例が、教育や会社で巡り合った理解者、キャリアの早い段階で訪れた幸運といった、ある一つの要因によって成功が決定されるというものだ。

しかし、成功しているゼネラル・マネジャーを見ると、現実は、どちらの主張よりも複雑である。彼らは、ゼネラル・マネジャーとしての個人特性を獲得するのに有利な環境に「生まれてきた」のであり、その後、何十年もの間に続けて出くわす出来事の数々を通じて、ゼネラル・マネジャーにふさわしい人物に「作り上げられてきた」ともいえよう。すなわち、単一の出来事だけがカギだったわけではない。一連の環境要因が融合して初めて、ゼネラル・マネジャーが担うべき困難な職務要求に対処するに必要な個人特性が生み出されるのだ。

General Managers in Action : Part I ——Similarities in Behavior

第4章

ゼネラル・マネジャーの行動の共通点

——アジェンダとネットワーク

ゼネラル・マネジャーの行動パターン

事業統轄責任者《ゼネラル・マネジャー》の職務は、行動指針の青写真とは一致しない。それは往々にしてあいまいであり、具体的な行動よりも最終的な成果を強調する傾向がある。マネジメントの文献もそれほど参考にならない。ケネス・R・アンドリュースも次のように述べている。

「従来、マネジメントに関する理論は、重要な諸機能を具体的な状況においていかに遂行すべきかについては、ほとんど教えられることのないままに、たとえば、計画化、組織化、統合化、評価測定などについての説教を述べてきただけである[注1]」

このように、明確な職務定義も指示もなく、担当する事業や業界も異なるのに、本調査のゼネラル・マネジャーの行動は類似していた。ゼネラル・マネジャーの職務に対する基本的取り組み方はもとより、日々の時間の過ごし方に至るまで、類似の行動パターンが見て取れたのである。

「マネジメントを科学する」現在、このような共通の行動パターンは、時として「プロフェッショナルらしからぬ」ようにも見受けられる。というのも、本調査のゼネラル・マネジャーが困難な職務要求に対処するためにみずからの個人的資質を活用する方法は、戦略計画や時間管理、経営情報システムあるいは組織計画といった、研究者が期待するほど体系的なものではなく、どちらかといえば大雑把なものであるからだ。また、よく考えてから行動するというよりは、相手に合わせ受動的に振る舞うし、系統立てててきぱきやるというよりは勢いでやってしまう面もある。

にもかかわらず、こうした行動はうまく機能していた。ゼネラル・マネジャーたちは、我々が入手したあらゆる評価基準でいえば、「優秀」「かなり良好」、もしくは「良好」に職務を遂行していたのである。本章では、これらゼネラル・マネジャーたちの職務遂行に共通する方法を説明し、日々の行動の類似性について概観して[注2]、彼らの行動の動機と、それが高業績に結びつく理由を考察する。

本章の主要テーマは次のように要約できよう。ゼネラル・マネジャーの行動は、一見、非能率的で、およそ管理者らしくなく、単純には説明できそうもないが、彼らに要求される職務と人物像を考慮に入れると、その行動はまったく違って見えてくる。事実、本章で紹介するゼネラル・マネジャーの行動は、前章までの議論から直接的かつ論理的に導かれるものである。

職務への取り組み方

本調査のゼネラル・マネジャーは、ほぼ同様の方法で職務に取り組んでいた。就任後すぐに、彼らは事業に対するアジェンダ（検討課題）を策定し、その実現に必要な資源ネットワークを構築する。アジェンダとネットワークが完成すると、ネットワークを通じて現実にアジェンダが遂行されるよう、全神経を集中させていた。

アジェンダの設定

ゼネラル・マネジャーは、事業についての知識や目的意識を持って職務に就いたが、明確なアジェンダを最初から頭に描けていたわけではなかった。事業と組織に関して目標、戦略、計画を持っていたわけでもない。ところが、就任後半年から一年間はアジェンダの設定に専念している。それ以降も随時見直しをしており、それには当初ほど時間をかけていない。

アジェンダは、短期・中期・長期にわたる責任や、財務、製品・市場、組織など幅広い事項に対処する個々の目的や計画から成り立っていた。漠然とした項目もあれば、明確なものもある。図表４－１は典型的なアジェンダの内容を示している。

たとえば、ボブ・アンダーソンのアジェンダに含まれる項目を列挙すれば、新コンピュータ・システムの導入完了、組織の部分的再編成、直属部下間の連帯感の確立、来たるべきＮＬＲＢ（全米労使関係協議会）選挙への対応、本社から課せられる四半期別の目標売上高と目標利益の達成、直属部門の年次目標の達成、買収による事業拡大、となる。これらは、五年以内に達成可能と思われる売上高、利益、市場シェアについての目標などに基づいていた。

調査対象企業のほとんどは計画立案プロセスを経て経営計画を文書化しているが、ゼネラル・マネジャーのアジェンダには通常、文書化された書類には盛り込まれていない目標、優先課題、戦略、計画が

図表4-1◉**ゼネラル・マネジャーのアジェンダ例**

	財務	事業・製品・市場	組織・人事
長期(5~20年)	今後10~20年の売上高やROI(投資収益率)の大まかな目標。	今後、展開したい事業・製品・市場の大まかな構想。	通常あいまいだが、望ましい企業像や必要な人物像の構想を含む。
中期(1~5年)	今後5年間の売上高、利益、ROIの具体的な目標。	事業拡大に向けた目標と計画。たとえば、①1981年までに3つの新製品を上市する、②獲得の可能性のある分野を検討する。	数項目の課題リスト。たとえば、①1982年までに大規模な再編が必要、②1981年までにコーリーの配置転換が必要。
短期(0~12カ月)	四半期または年間の売上高、支出、利益、ROIなど財務全般の詳細な目標。	さまざまな製品の市場シェア、在庫水準などの目標と、目標達成に向けた計画。	課題リスト。たとえば、①スミスの配置転換先をすぐ捜す、②ジョーンズが5カ年計画にもっと意欲的に取り組むよう促す。

含まれていた。経営計画とゼネラル・マネジャーのアジェンダが相容れないものだと言っているのではない。両者は大半において矛盾はないが、少なくとも次の三つの点で違いがある。

❶経営計画は詳細な財務指標を用いて文書化されることが多いが、ゼネラル・マネジャーのアジェンダは、財務目標より、事業や組織面での戦略や計画に重点が置かれる。

❷経営計画が通常短期または中期（三カ月〜五年）に焦点を合わせるのに対して、ゼネラル・マネジャーのアジェンダの時間枠はもっと幅広く、短くて一〜三〇日、長い場合は五〜二〇年に及ぶ。

❸経営計画のほうが明確、厳密、論理的で、特に財務項目の整合性についてその傾向が強い。一方、ゼネラル・マネジャーのアジェンダには明確なつながりのない目標や計画も盛り込まれる。

あるゼネラル・マネジャーには、書類にして三センチほどの厚さの五カ年計画書が与えられた。計画書の九〇%以上を、製品ラインの売上げ予測、部門ならびに課ごとの予算といった財務諸表が占める。このゼネラル・マネジャーとの長時間にわたるインタビューの結果、彼のアジェンダは、少なくとも次の点で計画書と異なっていることが判明した。

第一に、彼は理由をうまく説明できなかったのだが、製品ラインのうちの二つは計画書通りに進まないと予想していた。第二に、一つの製品ラインは計画書以上の業績を達成するだろうと期待していた。第三に、三年以内に一つの製品ラインを撤退させなければならないと考えていた（これは、計画通りにはいかないと予想される製品ラインの一つである）。もしそうなったなら、二年以内に交換可能な三つのラインから一つを選ぶ必要があった。第四に、二四カ月以内に部下の一人が本社へ異動するので、別の部下（その成績が彼にとっては不満のタネだった）を自分の部から一二カ月以内に異動させねばならないと考えていたが、このことは、もちろん計画書にはなかった。第五に、事業を拡大し変革するには、五年以内に事業部の組織再編を要すると考えていたが、これも計画書には記載されていなかった。

このようなアジェンダをゼネラル・マネジャーは就任直後に作り始める。担当する事業や組織に関する知識のほか、仕事を通して毎日入ってくる情報を基に、アジェンダの概要を即座に設定する。それには、具体的な戦略や計画のほかに複数の大雑把な目標が盛り込まれている。そして、時間の経過と共に情報収集量が増えるにつれ、アジェンダの完成度は徐々に高まり、全体の脈絡もはっきりとしてくる。

ジョン・コーエン、チャック・ゲインズ、B・J・スパークスマン、ジョン・トンプソンを訪問調査した時、彼ら四人はゼネラル・マネジャーに就任してまだ日が浅かった。アジェンダ設定のための情報収集に際して、彼らは書籍や雑誌、報告書を読むより職場の人々と話すことを重視した。対話の相手は、企画担当といった「しかるべき」職務ないし職能に就く者とは限らず、ゼネラル・マネジャーと何らかのつながりのある人々が多い。情報収集も会議のような場に限らず、そういう人たちに毎日毎日質問し続けた。それも、漠然とした質問ではなく、事業や組織、経営全般にわたる最新知識を駆使して具体的な質問を投げかけた。彼らは、日常業務のなかで要点を衝いた質問を繰り返し、アジェンダの設定に役立つ情報を手に入れる方法を見つけ出していた。

たとえば、あるゼネラル・マネジャーは、購入を検討していた生産設備のサプライヤー二社の長所と短所を知るために、彼が業界団体のトップとして培ってきた交友関係を利用した。また別のゼネラル・マネジャーは、組織上二、三層下にいる顔見知りの人々と語り合うなかで、業務や人間関係に関する問題を把握していた。また、他部門の友人や同僚との会話から、全社的な優先事項を突き止めたゼネラル・マネジャーもいた。

場合によっては、該当する製品、顧客、競合企業、財務管理、人事、技術、管理システム、歴史的背景について、私が詳しくは知らなかったので、(後で説明してもらうまで)ゼネラル・マネジャーが発する質問の意味を理解できなかったこともある。だが、彼らに質問された人々は、これらを理解していた。質問に対する回答が重要な情報をもたらすとは限らなかったが、数カ月間で有用な情報がかなり集まると、ゼネラル・マネジャーはアジェンダの設定に取りかかる。その際、彼は意識的に分析したり、逆に直観に頼ったりして決定するようだ。実際、ゼネラル・マネジャーのアジェンダの大部分は、彼らの頭の中で(自覚しているにせよいないにせよ)作られ、たえず修正されている。

たとえば、あるゼネラル・マネジャーは、在庫管理に関する会議に出席している最中に、一二月の目標在庫水準を減らさざるをえないと決心し、さらに、配下のマネジャーの一人を当年度の前半のうちには配置転換させようと決めた。しかし彼は、それをいっさい口にしなかったので、だれも彼の心中を察することはなかった。部下の異動については直観的に決心したので、彼自身もほとんど意識していない。その日の終業時に彼に会議について尋ねてみたが、なかなか配置転換に言及しない。会話がまさに終わりかけた時、「会議の場でフィルをただちに配置転換せざるをえないだろうと決心したような気がします」と言った。その理由を尋ねても、彼には答えられなかったのである。

アジェンダに盛り込む内容は、複数の目標を同時に達成でき、他の目標や計画と矛盾せずに、自分の権限で実行できる計画、プロジェクト、活動である。重要で妥当と思われるプロジェクトや計画であっても、こうした基準に合わなければ、却下されるか少なくとも反対されがちだった。

たとえば、トム・ロングを訪ねていた時、一人の部下が、長年温めているプロジェクトについて論じ始めたことが二度あった。ロングは二回とも、話題をそらしただけだった。後にロングが私に語ったところによると、その企画は一見よさそうだが、ロングの目指す重点目標のいずれにも、それほど貢献しないと判断したからだという。さらに彼は、「その企画を実施するには、膨大な時間とエネルギーがかかってしまうでしょう」と付け加えた。

複数の目標を同時に達成できるという理由で選択されたプロジェクトの典型例として、チャック・ゲインズの「ロード・ショー」がある。彼は就任してすぐ、ディーラー組織向けの「ショー」を企画し、全国八都市を回ろうと決めた。このプロジェクトには多くの資金を要したが、創作と実施のほとんどを外部に委託したので社内協力は不要であった。このプロジェクトは、ゲインズに次のことをもたらした。

❶その業界は近年多くの問題を抱えていたので、ディーラー組織に精神的支援を与えることができた。
❷和やかな状況下で、ディーラーと新たな関係を作ったり、これまでの関係をいっそう強化できた。

❸ゲインズの会社が目指す新たな方向性をディーラー側に示す機会を作ることができた。
❹少数の重要なディーラーに、従来の慣行を改めるよう直接働きかける機会ができた。
❺ゲインズのスタッフが、新製品をディーラーに披露できた。

この種のプロジェクトが成功するカギはタイミングである。企画内容がすばらしくても、時期が早すぎたり遅すぎたりすれば、目標遂行はおろか実施することすら難しい。ゼネラル・マネジャーはみな、計画や活動それ自体がいつもうまくいくことなどありえないと認識しているようだった。やはりカギとなるのは、時宜にかなった適切なものをタイミングよく見出すことである。

アジェンダ設定の全プロセスは、図表4－2に要約されている。ここで示されたパターンは、マネジメントについての常識として今日広く認められているものではないが、本調査の対象以外のゼネラル・マネジャーも同様のプロセスを経ていることを示す証拠は、他にも存在する。[注3]

本調査のゼネラル・マネジャーのほとんどが図表4－2のように行動していたが、業績のよいマネジャーほどそれが顕著で、そのための優れたスキルを持っている。たとえば、業績が「優秀」と評価されたマネジャーは、事業に関わるさまざまな問題を網羅した、明確な長期的事業戦略に基づいたアジェンダを設定していた。彼らはそのために、他の人々から積極的に情報（「悪い知らせ」も含む）を収集し、巧みに質問を投げかけ、複数の目標を同時に達成できるようなプロジェクトを見出していた。

図表4-2◉**アジェンダの設定**

内容	**ゼネラル・マネジャーは次のようなアジェンダを設定する。** •（明示的にせよ暗黙にせよ）事業戦略に基づいており、緩やかに結びつく諸目標や諸計画から成り立つという特徴を持つ。 •短期・中期・長期の責任を提示する。 •広範な事業項目（製品、財務、マーケティング、人事など）を含む。 •目標や計画は大まかなものと具体的なものを含む。また、自身のみならず、他の人々にとっての目標や計画も含む。 •大部分は文書化されない。 •文書化された経営計画と関連はするものの、別ものである。
プロセス	**ゼネラル・マネジャーは次のようにしてアジェンダを設定する。** •（すでに対人関係を築いている人々から）積極的に情報を収集する。 •（会議の場だけでなく）折にふれて人々に質問する。 •事業や組織（ならびにマネジメント全般）に関する知識を駆使して質問する。 •意識して分析するか、意識せず直観に頼るかして（主に後者）、随時修正する。 •同時に複数の目標を達成でき、それに対して権限を行使できる特別の計画、プロジェクト、活動を見つける。 •以上のプロセスを継続的かつ漸進的に、特にゼネラル・マネジャー就任後6〜12カ月に多くの時間を割いて行う。

ネットワークの構築

ゼネラル・マネジャーは就任直後から、アジェンダの設定のほかにかなりの時間と労力をかけて人的ネットワークを構築する。作成中のアジェンダに必要と思われる人々の間に協力関係を築くのだ。就任から半年経ってもまだこの作業にかなりの時間をかけているが、最も精力的に仕事を進めなければならないのは通常、最初の数カ月である。その後は、ネットワークを活用してアジェンダの実施および更新に注意が注がれる。

私自身の観察に加え、ゼネラル・マネジャーや周囲の人々の話を総合すると、ネットワークづくりのねらいは直属の部下以外にも、同僚、社外の関係者、上司の上司、部下の部下、と広範囲に及ぶ協力関係を作り上げることにある。事実、ゼネラル・マネジャーは自分が仕事上関係している何百人、何千人もの人たちと（あるいはその人たち同士で）ネットワークを築いている。つまりゼネラル・マネジャーは、経営計画とはやや異なるアジェンダを設定するのと同様に、ネットワークも本来の組織機構とは少し違ったものを形成するのだ（ゼネラル・マネジャーの典型的なネットワークについては図表4－3参照）。

このような大規模なネットワークでは、ゼネラル・マネジャーとの関係の強さや基盤の個人差が大きい。強力な関係もあれば、個人的な要素が強い関係もあるといった具合に。ネットワーク内の関係には、それぞれ独自の経緯があり、構成人員も十人十色であるからだ。

図表4-3◉ゼネラル・マネジャーのネットワーク例

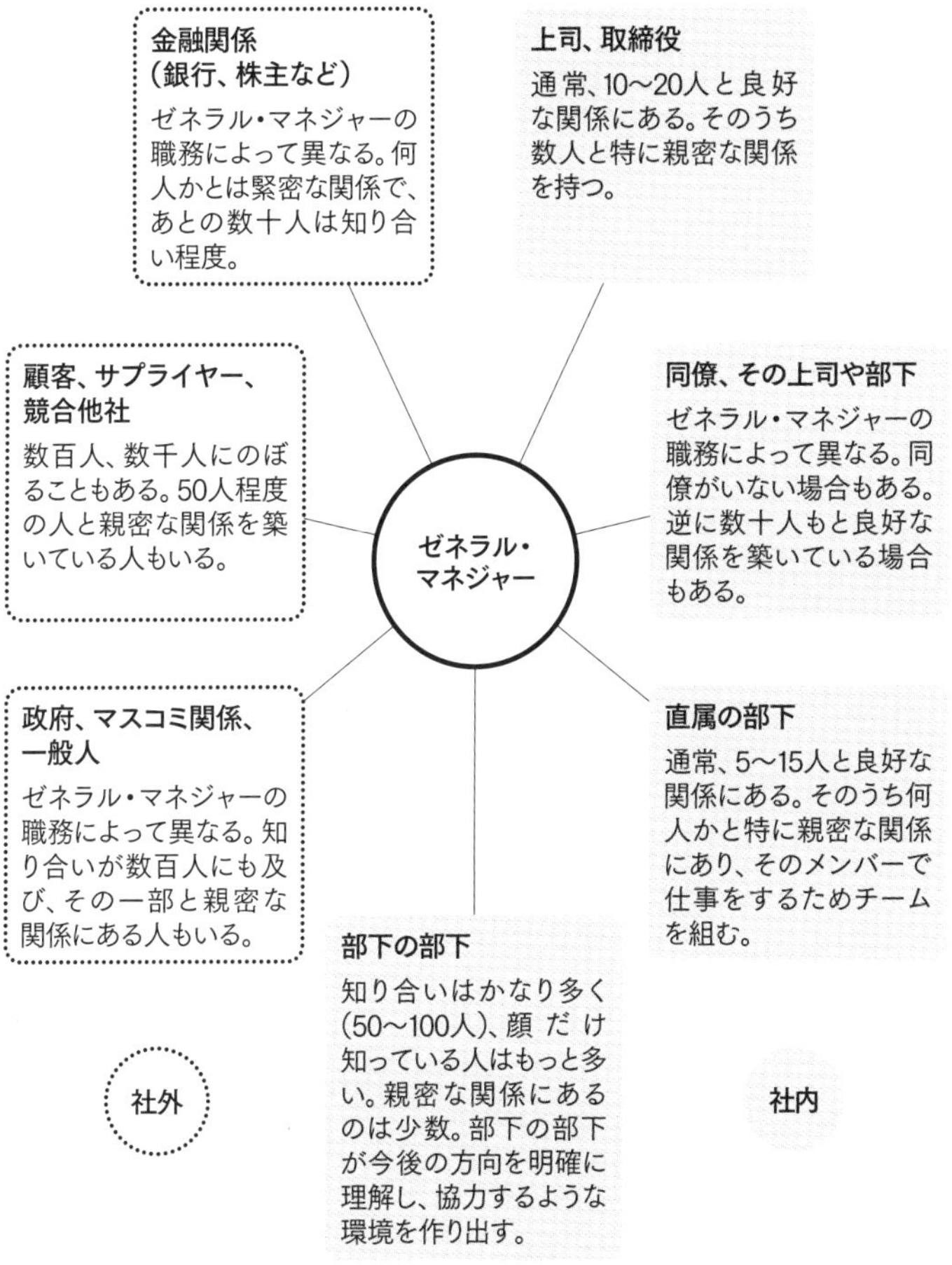
金融関係
（銀行、株主など）
ゼネラル・マネジャーの職務によって異なる。何人かとは緊密な関係で、あとの数十人は知り合い程度。
上司、取締役
通常、10〜20人と良好な関係にある。そのうち数人と特に親密な関係を持つ。
顧客、サプライヤー、競合他社
数百人、数千人にのぼることもある。50人程度の人と親密な関係を築いている人もいる。
同僚、その上司や部下
ゼネラル・マネジャーの職務によって異なる。同僚がいない場合もある。逆に数十人もと良好な関係を築いている場合もある。
ゼネラル・マネジャー
政府、マスコミ関係、一般人
ゼネラル・マネジャーの職務によって異なる。知り合いが数百人にも及び、その一部と親密な関係にある人もいる。
直属の部下
通常、5〜15人と良好な関係にある。そのうち何人かと特に親密な関係にあり、そのメンバーで仕事をするためチームを組む。
部下の部下
知り合いはかなり多く(50〜100人)、顔だけ知っている人はもっと多い。親密な関係にあるのは少数。部下の部下が今後の方向を明確に理解し、協力するような環境を作り出す。
社外
社内

たとえば、B・J・スパークスマンのネットワークを簡潔に示すと次のようになる。彼には、四人の上司との間に良好な関係があり、そのうちの一人からは特に親密な支持と理解が得られていた。同僚とは程度の差こそあれ良好といえる関係を築いており、そのうち何人かは友人で、全員が彼の経歴と、組織の幹部三人のうちの一人が彼の理解者であることを知っていた。同僚の部下の多く（数百名）とも良好な関係にあったが、その多くは彼の信望に基づくものであった。スパークスマンは、一人を除いて直属の部下全員と親密で良好な関係にあった。その理由は、スパークスマンを尊敬していたから、彼が上司であるから、彼が現在の地位を後押ししてくれたから、などさまざまであった。

直属の部下同士の間にも強固な協力関係が出来上がっていた（彼ら自身、自分たちをチームだと思っていた）。そのなかの一人は、スパークスマンを理解者もしくは助言者と見なし、特に親密な関係にあった。スパークスマンは名前だけとはいえ部下の部下もその大半を知っていた。こうした良好な関係は、彼の信望と、彼が上司として彼らに誠意をもって公平に接したという事実に基づく。社外に目を向けると、重要な顧客企業のトップ何十人かとかなり強固な関係を築いていた。これらの人々はスパークスマンを有能かつ魅力的な人物と見ていた。また、地域社会の有力者数十人とは、市民企画のプロジェクトや慈善事業委員会、それに類する地域活動に参加したことによってつながりを得た。地域の人々は、スパークスマンを「すばらしい」人とも、募金活動などで頼ることのできる「財源」とも見なしていた。

人々との協力関係を発展させる際、ゼネラル・マネジャーは、アジェンダに役立つ人を選び、特定の個人やグループへの依存度が高ければ高いほど、より強力な対人関係を発展させようとする傾向があった。この点、フランク・フィローノの例は典型的である。

初めて彼に会った時、彼は職務に就いて七カ月目であった。彼を調査した三日間、彼は直属の部下のうちの二人に対するよりも、部下の部下、あるいはサプライヤーとの関係の発展や維持に時間をかけていた。自分の職務や徐々に見えつつあった自分なりのアジェンダには、それらの人々が重要であると判断したからだ。彼は次のように述べた。

「ラルフ（部下の一人）とはずっと一緒に仕事をしていくわけにはいかないですよ。……ジョージ（もう一人の部下）は、残念ながらたいした貢献をしていません。……フィル（部下の部下）は、責任ある仕事をやり遂げる可能性を秘めています。……デビッド（外部の人間）とは長年の付き合いで、折にふれ助けてもらいました。今後もそうあってほしいと願っています」

ゼネラル・マネジャーは、こうしたネットワークを構築するために、便宜を図ってやることで恩を感じさせたり形式的な関係を強調するなど、相手に直接働きかけるテクニックに長けている。一体感が得られるように仕向け、プロフェッショナルとしての評判を巧みに高める。方策や昇進などの面で、彼らが自分をとても頼りにしていると周囲に感じさせるよう画策することもある。

私がこれらのゼネラル・マネジャーを観察している最中のことだが、ポール・ジャクソンのように、誠意をもって相手の気持ちを和ませることで（私との関係を含めた）人間関係づくりをする人たちもいた。別のマネジャーたちのなかには、オフィスのインテリアを温かく人を誘い込むものにしたり、あるいはパワフルで人を圧倒するようにしたりして、人間関係づくりに役立てている人たちもいた。また、みずからのカリスマ性をうまく利用している人々もいた。ゼネラル・マネジャーはみな、たいして面倒ではないのに相手方にとってはとても有難く感じられるような、小さな好意を示す術を身につけていた。

ところが、これらのことを口にするゼネラル・マネジャーは一人もいなかった。どのようにして人間関係を築き、維持してきたかについて、彼ら自身もよく理解していないのではないかと思えることもあったが、実のところ、彼らには、こういうことは口にしないほうがよいとわかっていたようだ。

ゼネラル・マネジャーは、現在の部下との関係を強化するだけでなく、部下の異動、採用、解雇によってネットワークを強化することも多い。そのねらいは、みずからの実行力を強化することにある。ダン・ドナヒューはその典型例である。就任直後、彼はカギとなる二人の部下を配置転換させた。一人は職務遂行能力に欠けるという理由であったが、もう一人は、ゼネラル・マネジャーの職務に就けなかったことに失望していたからであった。また、ほかに二、三人、下位のセールス・マネジャーを部門強化のために異動させた。同様に、必要な資源を確保できるよう人間関係を改善するために、サプライヤーや取引銀行を変えたり、同僚の地位に別の人が就くよう画策したり、取締役会を再編したりさえした。

さらに、ネットワーク内の要所要所でそこに属する人たちにある種の関係を作り出して結びつけようとすることもあった。つまり、アジェンダの実行に必要と思われる適切な「環境」（規範と価値観）を作ろうとするのだ。それは、人々がアジェンダに真剣に取り組み、よりよい成果を目指してすすんで協力してくれるかたちである。ゼネラル・マネジャーはそうした環境を、同僚や上司、社外の人々との間に作り上げようとすることもあったが、部下を対象とすることが一番多かった。

部下が働く環境を形成するうえで、ゼネラル・マネジャーは多数の方法を用いていた。たとえば、ジェラルド・アレンとボブ・アンダーソンは、ＭＢＯ（目標管理）システムを制度化した。リチャード・ポーリンらは、彼らが最重点事項と考える評価項目を強調するように会社の報告システムを変更し、まったく新しい業績評価システムを作り上げた。なかには組織機構を変更した者もいる。ほかにもリチャード・パポリスのように、組織の文化を意識的に管理しようとする人たちもいた。

同様の考えから、他の人々にこうあってほしい、こうしてほしいと望む姿をみずからが示し、部下の環境に影響を及ぼす人もいた。彼らは望ましい環境を醸成するため、計画のプロセス、組織機構、各種制度といった会社の定める管理手法だけでなく、その他の方法も利用したのである。

業績が「優秀」と評価されたリチャード・ポーリンとパポリスは、特にこの点に関して積極的であり、うまくやっていた。たとえば、ポーリンが作り上げた組織の環境は、周囲の人々が、「チームワーク」「明瞭な指示」「思い切った権限委譲」「業績本位」「優れて分析的」「目標志向」「一人だけを賞賛しない」「政治的駆け引きなし」と称する言葉に特徴づけられる。ポーリンはみずから手本を示しつつ、望み通りの行動をしてくれた者に報い奨励する一方で、そうでない者は切り捨てていった。

本調査のゼネラル・マネジャーがネットワーク構築のために行っていた全プロセスは、図表４－４の通りである。これを支持する他の証拠が豊富にあるわけではないが、これに一致する調査結果はいくつか存在する。[注4]

アジェンダの設定と同様に、ほとんどのゼネラル・マネジャーが図表４－４に挙げる行動をとってい

図表4-4●ネットワークの構築

内容	**ゼネラル・マネジャーは次のようなネットワークを構築する。** •数百人ないし数千人の人々からなる。 •部下、部下の部下、上司、同僚、社外の関係者（顧客、サプライヤー、マスコミ、銀行）など、協力関係は広範囲にわたる。 •本来の組織機構とは別個のものである。 •他の人々との間、また他の人々同士の間に性質や親密度が異なる多様な関係を持つ。 •部下との間、また部下同士の間に強固な結びつきがある。
プロセス	**ゼネラル・マネジャーは次のようにしてネットワークを構築する。** •アジェンダの実行に際して、依存関係あるいは事業上の関係の深い人々の協力を仰ぐ。 •関係者に自分に対する恩義を感じさせる。 •関係者に自分との連帯感を感じさせる。 •関係者からの信頼を勝ち取る。 •関係者に、自分に依存していることを感じさせる。 •不適任な部下を配置転換する。 •サプライヤー、銀行その他の取引相手を取り替える。 •公式な手法（計画、組織機構、各種制度など）と非公式なそれを併用して部下たちのチームワークを醸成し、政治的駆け引きを最小限に抑えるような環境を作る。

たが、特に高業績マネジャーほど積極的で手腕も見事だった。たとえば、業績評価が「優秀」のマネジャーは才能ある人々との間でネットワークを築いており、部下との間や部下同士の間の結びつきも強く、それには多彩な方法や巧みなスキルを用いていた。それに対し、評価が「良好」のマネジャーはそれほど多様な方法を用いず積極性にも欠け、作り上げたネットワークも弱くなりがちだった。

◉ネットワークを通じたアジェンダの実行

ネットワークとアジェンダの設定が出来上がると、ゼネラル・マネジャーの関心は、アジェンダの実行のためにネットワークを活用する方向へと向かう。その際、人間関係、予算、情報を駆使して、直接的あるいは間接的にさまざまな方法で周囲の人々や状況に働きかける。

アジェンダを実行するために、ゼネラル・マネジャーは直属の部下や上司に働きかけるだけではなく、持てるネットワークすべてを利用しようとする。私が調査したなかには、同僚や社内のスタッフ、三〜四層下の部下、二〜三層上の上司、サプライヤー、顧客、果ては競合他社まで一人残らず動員して事を成し遂げたゼネラル・マネジャーもいた。その際の基本的パターンは次の通りである。

- ゼネラル・マネジャーは、自分から積極的に働きかけなければネットワークによる達成はありえないので、アジェンダの各項目について何らかの行動をとろうとする。

・ゼネラル・マネジャーが働きかけた人たちは、その人ならではの力を貸してくれる。
・ゼネラル・マネジャーが働きかけたのはネットワークの構成員である。
・ゼネラル・マネジャーはネットワーク内の重要な人間関係を損ねないよう配慮しながら、一度に複数の目標が達成できるような人材や手法を選ぶ。

高業績のゼネラル・マネジャーは、わざわざ自分から働きかける必要がない相手に対して、時間とエネルギーを浪費するようなことはしない。有能な者にはしかるべき権限を与えるのである。自分が手を貸さなければならない状況でない限りは、ネットワークにとって最少の負担でアジェンダ内の複数の目標が達成されるように配慮しながら実行戦略を選択する（ゼネラル・マネジャーがスタッフの助言を断る際に最もよく使う理由は、それがアジェンダにとって価値があるかどうか、ではなく、ネットワークに緊張を及ぼすとやっかいだから、というものだ）。

ゼネラル・マネジャーは、協力してほしい相手に働きかける際、これまでの関係から自分の言う通りに動いてくれるはずとの確信を持って単刀直入に協力を求めることが多い。直面する問題と相手との関係次第では、知識や情報を駆使して説得しようとすることもある。そのほか、利用できる資源を用いて駆け引きに出ることもある。また時には威圧し、強要することもある（たとえば、チャック・ゲインズは、なかなか動いてくれない本社スタッフに対して、大変な剣幕でまくし立てたり、スタッフの言葉を無視したり、妥協しないという姿勢を貫くことで、自分が望むことを彼らにやらせていた）。読者の多

くには、このように直接的な影響力の行使は見慣れた光景であろう。[注5]

ゼネラル・マネジャーは、ネットワークを利用してネットワーク外の人々に対しても間接的に影響を与えることがある。あるいはネットワーク内の人を通して、ネットワーク外の人に必要な行動をとってもらえるよう働きかけることもある。さらに間接的になると、第三者に影響を与えるような行動をネットワークの構成員に要求することもある。間接的に影響を与える例としておそらく最も多いのは、何らかのイベントを行うことであろう。たとえば、ミーティングや会議を設定して、その参加者や議題を選び、時にはみずから出席して他の人々に影響を与えるのである。

たとえば、ボブ・アンダーソンは、毎週、部下と個別のミーティングを持っていたが、協議事項はいつも同じで、❶前の週に達成したこととできなかったことの検討、❷翌週の仕事の優先順位と目標の設定、であった。こうしたミーティングが、まさに部下を自分の望む行動へと導くのである。同じく、トム・ロングも定例会議を開いてその終わりに部下に約束事項を申告させたり、約束メモを送ったり、次回の会議の冒頭で必ず約束を確認するなどして、多大な影響を与えるようになった。ゼネラル・マネジャーの多くは、この種の「フォロー・アップ」を積極的に活用して、部下たちに実行させていた。

直接的ではなく間接的に影響を与える場合には、象徴的な方法を用いる。会議や建物、言葉、組織にまつわるエピソード、時間、空間を、間接的に意思を伝えるシンボルとして使うのである。先述したチャック・ゲインズの「ロード・ショー」は、やや芝居がかってはいるが格好の例である。

ディーラー組織に大きな影響を与えるため、ゲインズは全米主要八都市で催されるまる一日がかりの

図表4-5◉ネットワークを通じたアジェンダの実行

選択の基準	**ゼネラル・マネジャーは次のような選択をする。**
	•アジェンダの諸項目の中で、ネットワーク内の人々の関心をさほど引かない項目を選択する。
	•そのような項目を処理するうえで役立つ人々をネットワーク内から選ぶ。
	•一度に複数の目標を達成できるような影響力の行使方法を選ぶ。
	•ネットワーク内の重要な対人関係を損なわない最善の方法を選択する。
影響力の行使	**ゼネラル・マネジャーは次の方法によって影響力を行使する。**
	•直接的方法としては、アジェンダ実行に役立ちそうなネットワーク内の一員に働きかけ、自分の対人関係を活用して依頼したり、要求したり、おだてたり、威圧したりしながらその人に影響を及ぼす。
	•間接的方法としては、多数の人々にじかに影響を与えるようなイベントを催す。また、時間、空間、会議、建物、言葉、エピソードなどを象徴的に使用する。

イベントを作り上げた。このイベントには、プロの俳優が主演し、入念な脚本と凝ったセットを呼び物とする二時間から三時間程度のブロードウェイばりのショーが含まれていた。演出の何もかもが、成功を象徴していた。暗黙のメッセージは、「将来は明るく、今こそ事業拡張のチャンス」である。もちろん、まったく同様のメッセージをはるかに直接的かつ安価に短い手紙や電話で伝達することもできるだろうが、電話では、その効果はほとんど得られまい。

本調査のゼネラル・マネジャーの行動パターンを要約すると図表4－5のようになる。高業績のゼネラル・マネジャーの行動ほどこれに近く、手腕も見事である。つまり、優れたゼネラル・マネジャーほど多くの人を利用し、多彩な戦術を使って影響を与えながら事を成しえている。業績評価が「優秀」なゼネラル・マネジャーは相手と直接向き合って巧みに依頼し、励まし、おだて、賞賛し、謝意を表し、要求し、意のままにし、やる気にさせる。加えて、他のマネジャー以上に間接的方法も積極的に利用する。業績評価が「良好」なマネジャーは影響を与える方法が限られがちで、しかもそれを十分に活用していない。この種の行動もまた、マネジメント関連の若干の文献[注6]で認識され議論されているにすぎない。

基本的な取り組み方

本調査におけるゼネラル・マネジャーの職務については、第2章と第3章で具体的にその取り組みを見た。第2章で述べたように、ゼネラル・マネジャーの職務には次の二つの根本的な課題がある。

- 状況が不確実で多様であり、関連情報が大量にあるなか、明確な意思決定をしなければならない。
- 大半が直接の指揮下にはない多種多様な人々を通じて職務を遂行しなければならない。

これら二つの難問はゼネラル・マネジャーの職務に固有のものなので、経営計画や部下の役割分担などに焦点を合わせただけの計画、組織、人員配置、指揮・統制では通用しない（図表4－6参照）。本調査におけるゼネラル・マネジャーのような取り組み方でなければ、ゼネラル・マネジャーとしては失格である。

図表4-6◉ゼネラル・マネジャーの根本的課題についての考察

		ゼネラル・マネージャーの根本的課題	
		状況が不確実で多様であり、関連情報が大量にあるなか、明確な意思決定をしなければならない。	大半が直接の指揮下にはない多種多様な人々を通じて職務を遂行しなければならない。
		何をなすべきかの検討	**取り組み方**
従来のマネジメント機能	計画立案	このような状況で計画を立てるのはきわめて難しい。大変な時間と集中力が必要なので、年1回、一連の会議を設けるだけでは無理。不要なデータと不可欠なデータをふるいにかける、優れた情報システムが必要である。	計画立案にあたっては、ただでさえ複雑な人間関係を悪化させないよう配慮する。文書に記載する事項や発言内容には十分注意する。
従来のマネジメント機能	人員配置・組織化	綿密な計画や戦略マップが不可欠である。それがないと、人員配置や組織化を合理的に実行できない。	職務遂行に必要なのは、直属の部下のほか、さまざまな人々である。そうした人々も人員配置や組織化の対象とし、正規の手続きとは違った方法を主に用いる。
従来のマネジメント機能	指揮・統制	綿密な計画や戦略マップが不可欠である。それがないと、対象が無数にあるなか、何に重点を置けばよいかわからない。指揮・統制の対象もわからない。	自分が頼りとしている相手との強固な人間関係が不可欠である。そうでなければ、指揮・統制はできない。

◉アジェンダ設定のプロセス

この職務に固有な意思決定への要求を考えれば、従来のマネジメント理論でよく認識されているように、戦略マップや経営計画ないしアジェンダが必要である。しかし、複雑であいまいな部分もあるため、経営計画だけでは心もとない。反復的で限定された職務と違い、完全な計画の立案基盤として納得のいく予想を行うことは不可能である。また、必要な情報の種類やその入手方法もよくわからない。しかも、関連しそうな重要情報は膨大である。

さらに、実行段階で難問が増幅することもある。テリー・フランクリンは次のように述べた。

「経営計画は、仮に選択したことが組織や社員にどういう結果をもたらすかについて考えなければならない点に問題があります。社内に対立が生まれたり政治的な駆け引きが生じたりして、会社にとって大きな痛手となりかねないからです。計画文書というのもやっかいで、何しろ、修正がきかないものですからね。みんなの期待を硬直化させてしまいます。凝り固まった期待に基づいて経営計画を作成しているわけですよ。状況が変われば経営計画も変更しなければならないのに、その時の抵抗ときたら大変なものです。といっても誤解しないでいただきたいのですが、経営計画が悪いだとか不必要だと言っているわけではありません。まったくその反対で、これは絶対に必要です。ただし、それだけでは十分ではなく、経営計画に何を盛り込むかをよくよく注意しなければならないということです」

要するに、ゼネラル・マネジャーの職務そのものに、アジェンダを設定するプロセスが求められているのである。さらに、前章での議論および認知心理学[注7]によれば、ゼネラル・マネジャーはこのプロセスを実行するに十分な知識とネットワーク、知能と対人関係能力を兼ね備えているのである。

ネットワーク構築のプロセス

職務の性質上、ゼネラル・マネジャーは直接指揮下にはない多くの人々を頼りとする立場にある。そのような状況で、対人関係のネットワークを発展させ、維持し、形成することはきわめて重要である。なぜなら、そういうネットワークがなければ、たとえばアジェンダの実行は不可能だし、権限が十分でない場合はネットワークがこれを補完するからである。

さらに、この職務の特徴として、責任が複雑であることが挙げられる。それゆえネットワークは、アジェンダ設定という目的そのものにとっても必須である。ゼネラル・マネジャーが作り出したネットワークは、途方もなく強力な情報処理システムであるといえよう。公式のコンピュータ・ベースの情報処理システムではおよそ望むべくもないほど、彼らのネットワークはその責任に関係している。大量の情報を濾過し、アジェンダ設定に重要な情報だけを伝えるのである。

ネットワークの構築は、広範にわたる難しい作業なので、プロセスから見ても本調査のゼネラル・マネジャーたちが用いた取り組み方でしか実現できなかったであろう。もし関与する人が少なく時間に余裕があったなら、間接的に圧力をかけたり小細工をしたりといった手の込んだ方法を使わずとも、ネットワークの構築が可能だったはずだ。しかしそれは、今日のゼネラル・マネジャーの現実の姿ではない。

これら一連のことを成し遂げるスキルもやる気もない者もいるが、第3章では、ゼネラル・マネジャー全員がそれを成し遂げているのを見てきた。彼らは、必要とされる対人関係能力と権力欲を持っていた。換言すれば、アジェンダ設定同様、それはネットワーク構築のプロセスでも必要であり、彼らはそのスキルもやる気も持ち合わせていたのである。

◉――アジェンダ実行のプロセス

アジェンダ設定とネットワーク構築への取り組みやゼネラル・マネジャーに要求される職務そのものに比べれば、実行は容易である。アジェンダを実行するためのネットワークができればスムーズに事が運ぶ。アジェンダの何かがないがしろにされたり有効に処理されない時には、ゼネラル・マネジャーは状況を変えようと介入して人々に影響を及ぼそうとする。職務環境の規模や複雑さを考えれば、ゼネラル・マネジャーが影響力を行使するため、対人関係能力に依拠せざるをえないことや、直接あるいは間接に多様な方法を活用しなければならないことも納得できる。膨大な仕事量に必要な影響力を考えれば、一度に複数の目標を達成しようと効率を求めるのも道理であろう。ネットワークの構成そのものや、その構築・維持に必要な時間を考えると、ゼネラル・マネジャーが実行のプロセスで大切な対人関係を不用意に損なうことのないよう敏感になるのも当然である。

より明確に依存し合う状況では、本調査のゼネラル・マネジャーとはまったく異なる実行プロセスが考えられよう。たぶんそれは、もっと直接的でもっと大まかで、使われる手段も少ない。しかし、本調査のゼネラル・マネジャーにとって、そのようなやり方は合わなかったということなのだ。

日常行動と仕事への取り組み方

これまで述べた取り組み方がどのように実行されているかは、ゼネラル・マネジャーの調査中に私が記録した約四〇〇〇ページに及ぶノートから明瞭に見て取れる。約二年間にわたって私は本調査のゼネラル・マネジャーの日常活動を延べ五〇〇時間以上かけて観察した。彼らが出社し、会議に出席し、出張し、郵便物を読み、メモを書き、たくさんの人々と話をする様子を見た。そのなかから彼らが日々どのような時間の使い方をしているかについて、一二通りのパターンが浮かび上がってきた。

ゼネラル・マネジャーの一二の行動パターン

ゼネラル・マネジャーの行動には、共通する一二のパターンがある。

❶一日の大半をだれかと過ごしている。一人でいるのは働いている時間の二四％にすぎない。通常それは自宅にいる時、飛行機に乗っている時、通勤の時である。だれかと過ごす時間が七〇％以下だったのは、フランクリンとポーリンの二人だけだった。多くのゼネラル・マネジャーは、仕事の時間の大半を他の人々に話しかけたり、相手の話に耳を傾けたりすることに割いていた。なかにはこの割合が九〇％に達する者もいる。

❷時間を割く相手は直属の部下や上司に限らずたくさんいる。部下の部下、上司の上司、顧客やサプライヤー、自社と取引関係にない部外者などだ。ゼネラル・マネジャーは定期的に自分の仕事の指揮・命令系統に属した人たちと会うことが多いが、重要とは思えない部外者と会うことも多い。

❸彼らと話す話題は広範囲に及ぶ。事業計画、事業戦略、人事など、経営幹部としての関心事に限らない。あらゆる時にあらゆることを話し合い、自社の事業や組織には直接つながらない話題さえあった。

❹こうした会話では、ゼネラル・マネジャーはたいてい多くの質問をする。ドナヒューのように、三〇分間で文字通り数百の質問をする人もいる。

❺こうした会話でゼネラル・マネジャーが「重要な」決定を下すことはめったにない。彼らが一カ月かけて下す決定よりもっと重大な決定を、ビジネス・スクールの学生は、一日討議しただけで「下してしまう」。

❻こうした会話には、いつも冗談や軽口が飛び交い、仕事と関係のないことが話題にのぼる。社内や

業界内の人が笑いの種にされることも多い。仕事以外では家族や趣味、最近の余暇の話（ゴルフのスコアなど）などだ。

❼こうした出会いのなかで語られる話題の大部分は、事業や組織にとってあまり重要でないことだ。つまり、ゼネラル・マネジャーは、時間の浪費と思えるような場にさえ、まめに足を運んでいる。

❽こうして人と会っている間、「命令」などといった野暮なことはしない。つまり、相手のすることに口を出すことはほとんどない。

❾とはいえ、相手に働きかけようとすることは多い。ただし、命令するのではなく、依頼、要請、おだて、説得、強要といった方法をとる。

❿人と接する時間は、相手の都合に合わせることが多い。典型的なゼネラル・マネジャーの一日の大部分は事前にスケジュールが決まっていない。ゲインズ、ロング、ジャクソンのように事前に予定された会議が詰まっている場合ですら、結局は議題にのぼらない事項に時間をかけていた。

⓫人と会っている間は、ほとんどがとりとめのない短い会話に終始する。一つの質問や話題が一〇分以上続くことはまずない。五分間で、一〇個もの話題が交されることもけっして珍しくない。

⓬長時間働く。週六〇時間弱が平均で、一五人中アレン、トンプソン、パポリスの三人だけが週五五時間を下回っていた。在宅中や通勤途中、出張中にする仕事もあるが、職場で過ごす時間が最も長い。出張は一カ月のうち四日半が平均で、一五人のうちゲインズとマーチンの二人だけが一カ月のうち六日以上出張していた。

◉——あるゼネラル・マネジャーの一日

以上述べてきた行動パターンが一日の生活のなかでどう表れているか、投資運用会社社長兼CEOのマイケル・リチャードソンの例を見てみよう。

7：35（午前）　出社（通勤時間は短い）。ブリーフケースから書類を取り出し、コーヒーを飲みながら、今日中に「やるべきこと」をリスト・アップする。

7：40　部下のジェリー・ブラッドショーが出社。ブラッドショーの部屋はリチャードソンの隣にある。ブラッドショーの二つの任務のうちの一つが、リチャードソンを補佐することである。

7：45　ブラッドショーと雑談。最近別荘で撮った写真を見せる。

8：00　今日の予定と優先事項についてブラッドショーと打ち合わせる。その際、顧客や部下やサプライヤーに関する一〇件以上の話題にも触れる。

8：20　部下のフランク・ウィルソンが顔を出す。ウィルソンは人事に関して二〜三質問し、それから話に加わる。会話は率直でテンポが速く、時にユーモアも交じる。

8：30　フレッド・ホリー会長が立ち寄る。一一時の約束を確認して、いくつか話題を持ち出す。

8：40 リチャードソンは二杯目のコーヒーをいれに行く。ブラッドショー、ホリー会長、ウィルソンは話を続ける。
8：42 リチャードソンが戻る。部下の部下が立ち寄り挨拶する。他の者は部屋から出ていく。
8：43 ブラッドショーが報告書を届け、それについてリチャードソンに説明してから退出。
8：45 秘書のジョーン・スワンソンが出社。二人は彼女の新居について話した後、昼前の会議についての打ち合わせをする。
8：49 昨日電話を入れておいた部下からの折り返しの電話がかかってくる。もっぱら先ほど受け取ったばかりの報告書について話す。
8：55 自室を出て、部下の一人が開いている朝の定例会議に出席。出席者約三〇名。リチャードソンは会議の間中、何かを読んでいる。
9：09 会議終了。出席者の一人をつかまえて、手短に話をする。
9：15 部下の一人である顧問弁護士の部屋に行く。ホリー会長もそこに来ていた。たった今、弁護士が受けた電話の内容が話題になる。三人はある問題に対する対応策について立ち話をする。前と同様そのやり取りは軽快で、時にユーモアも忘れない。
9：30 自室に戻って、ゆくゆく取引先となりうる企業の副会長と会う。同社の担当である部下の部下も同席。会談は和やかに進み、話題は両社の製品から海外との交渉に至るまで多岐にわたった。
9：50 客は退出。リチャードソンは境のドアを開けて隣室のブラッドショーに質問する。

9：52　秘書が用件を五つ持ってくる。

9：55　ブラッドショーがやってきて、ある顧客について質問し、出ていく。

9：58　ウィルソンが部下とやってくる。リチャードソンにメモを渡し、重要な法律問題について三人で話す。ウィルソンはリチャードソンが下した決定が気に入らず再考を求めた。約二〇分間、一進一退の話し合いの末、次の対策について合意し、明朝九時に再度話す約束をする。

10：35　二人が部屋を出る。リチャードソンは机上の書類にざっと目を通す。そのなかの一つ、前回の取締役会の議事録について秘書に電話し、数カ所の訂正を申し入れる。

10：41　秘書が持ってきた病気の友人への見舞状にサインし、ひとこと書き添える。

10：50　短い電話を受けた後、再び書類に目を向ける。

11：03　ホリー会長が来る。話し始めようとすると、また電話が入る。要件を聞き終えて、秘書に先日送った手紙が届いていないそうなので再送するように頼む。

11：05　会長が二、三の案件を口にしたところへブラッドショーが入ってくる。三人はやっかいな問題になっているジェリー・フィリップスの処遇について話し合う。ブラッドショーがまずこの件に関して、ここ数日の対応を説明する。リチャードソンと会長が質問する。しばらくして、リチャードソンがメモをとり始める。いつも通りテンポよく単刀直入に意見を交換する。三人は問題点を明確にし、今後可能な措置を検討する。リチャードソンは最善策の確信が持てず、そのまま話し合いを続ける。あちこち本題からそれたり戻ったりを繰り返しながらも、何とか次の段階への合意を見た。

正午　自分とブラッドショーの昼食を注文する。ブラッドショーが来て、一二項目の案件をざっと確認する。ウィルソンが立ち寄り、朝の件には、もう手を打ったと告げる。

0：10　頼んでおいた計算結果を届けに来たスタッフにリチャードソンは礼を言い、軽く談笑する。

0：20　昼食が届く。ブラッドショーと会議室で食べながら仕事や仕事以外のことについて話し、互いのユーモアに笑い合う。大口顧客になりそうな企業が話題にのぼったあたりで食べ終わった。

1：15　ブラッドショーと共に自室に戻り、その顧客向けのプレゼンテーションについて綿密に検討し、ブラッドショーがメモをする。それが終わると、ブラッドショーは退室。

1：40　デスクワーク。新しいマーケティング用のパンフレットに目を通す。

1：50　再びブラッドショーが来る。二人は例の見込み客向けプレゼンテーションについて、さらに一〇項目ほど検討する。ブラッドショーが退室。

1：55　部下のジェリー・トーマスが来る。これからリチャードソンの部屋で予定されている社員の業績評価について打ち合わせ、各社員の扱い方について手短に話し合う。

2：00　トーマスの部下のフレッド・ジェイコブズが入室。トーマスが進行役を務め、ジェイコブズの今年度の賞与額と、その算定理由を説明する。それから来年度のジェイコブズの職務について三者で話し合う。話がほぼまとまり、ジェイコブズは退室する。

2：30　トーマスの部下のジョン・キンブルが入室。同じく業績評価を行う。リチャードソンはいくつも質問し、何度かキンブルを褒める。合意に達し、面接は和やかに終わる。

3：00　ジョージ・ヒューストンが来て、同様のことが繰り返される。

3：30　ヒューストンが退室すると、リチャードソンとトーマスは面接が望み通り順調に運んだことや、トーマスの他の部下について手短に話し合う。トーマス退室。

3：45　短い電話が入る。秘書とブラッドショーが要望を簡単にまとめたリストを持ってくる。

3：50　フィリップスから電話がかかってくる。今朝一一時から一二時の間にフィリップスについて話し合った際のメモを見る。逃した商談や折り合いの悪い部下のこと、だれがだれに何をしたとか今何をすべきかについての話が延々と続き、堂々巡りで、時に感情的にもなる。最後の最後で、フィリップスはリチャードソンの意見に同意し、感謝の意を表して電話を切る。

4：55　ブラッドショー、ウィルソン、ホリー会長が来て、それぞれが午前中の話を続ける。リチャードソンはフィリップスと電話で話したことを手短に報告する。ブラッドショーと会長が退室。

5：10　三、四点の案件について、ウィルソンと軽めの会話。

5：20　トーマスが来る。新たに生じた人事問題について報告し、三人で話し合う。会話はますますユーモラスになり、対応策がまとまる。

5：30　リチャードソンはブリーフケースに書類をしまい、帰り支度を始める。この間何人かずつ五人が立ち寄る。

5：45　帰途につく。

職務に起因する共通の行動パターン

リチャードソンの一日に見られるような、マネジャーの日常行動のこうしたパターンは、他の研究でも指摘されており、[注8] 特に経営幹部に顕著である。[注9] しかしながら、現実の行動が従来のトップの行動や任務と一致しないことは、ヘンリー・ミンツバーグが指摘している通りである。[注10] つまり、マネジャーの行動を、計画立案、組織化、人員配置、指揮・統制などのカテゴリーに当てはめるのは難しい。

試しにやってみても、せいぜい二つの結論しか引き出せない。第一に、マネジャーが行っている計画立案と組織化は、体系的というより、むしろ成り行き任せで大雑把に見える。第二に、行動の多くが、現実に結局は分類できない。つまり、経営幹部らしからぬ行動に終始しているのだ。とはいえこれが、現実に高業績のゼネラル・マネジャーが日常行う計画立案、組織化その他の行動そのものなのである。

なぜ、ゼネラル・マネジャーはそのように行動するのかを理解し、他にもまだ共通点があるかどうかを確認するために、これまでのポイントを振り返っておこう。

日常行動のパターン

ゼネラル・マネジャーの日常行動パターンは仕事に対する取り組み方に起因するが、それはまた職務内容と当人の個人特性に由来する。このことは、アジェンダ設定、ネットワーク構築、さらに、アジェンダを実行するためのネットワーク活用に限らず、あらゆることへの取り組み方から推測できる（図表4－7参照）。

「一二の行動パターン」で見たように、ゼネラル・マネジャーは、ネットワークをアジェンダの設定と実行に活用している。それらは人々との接触を伴い、したがってリチャードソンの例から明らかなように、ゼネラル・マネジャーが大半の時間を他の人々と費やすことは当然といえる（パターン❶）。

同様に、ネットワークはゼネラル・マネジャーが頼りとするすべての人々を含む傾向があるので、上司や直属部下以外の多数の人々との接触に時間を費やすことも驚くことではない（パターン❷）。また、アジェンダには、ゼネラル・マネジャーの短期・中期・長期にわたる責任すべてに関わる項目が含まれるので、日常会話の話題の範囲も広い（パターン❸）。

アジェンダ設定では、ネットワークの構成員に質問を投げかけ、継続的に情報を集めなければならない（パターン❹）。それらの情報を基に設定されるアジェンダは、文書化されてはいない。ゼネラル・マネジャーの頭の中で作られているのである（パターン❺）。

ネットワーク構築には広範な人との駆け引きが必要である。ユーモアや仕事以外の話題は、緊張した状況下で良好な人間関係を築くうえで有効である。実際、だれもがそれを実践している（パターン❻）。人間関係を維持するには、事業にとってはどうあれ、人々が重要と感じる事項に対応しなければならな

図表4-7◉ゼネラル・マネジャーの日常行動と仕事への取り組み方の関係

仕事への取り組み方		日常行動パターン
•主に仕事上依存関係にある人々とのネットワークを発展させることと、アジェンダの設定や実行・更新のためにネットワークを活用する。	▶	❶大半の時間を他の人々と会うことに費やす。
•ネットワークは上司、部下、同僚、社外の人々はもとより、ゼネラル・マネジャーが頼りとするあらゆる人々に及ぶ。	▶	❷会う人のなかには、上司、直属部下以外の多数の人々を含む。
•アジェンダは、ゼネラル・マネジャーが責任を持つあらゆる領域に関する項目を含む。	▶	❸他の人々と会話する話題は広範にわたる。
•アジェンダ設定は、継続的な情報収集を伴う。通常、ゼネラル・マネジャーはその責任に関わる広範な事柄について、ネットワークの構成員に質問を投げかけ、目に見えないプロセス（頭の中での意思決定）を経て、アジェンダを作り出すが文書化はしない。	▶	❹会話中に多数の質問をする。 ❺会話中に意思決定することはない。
•ネットワーク構築は、広範な戦術を必要とする。ユーモアは、よく使われる戦術の一つである。ネットワークを維持するには、事業には関わりがなくても、特に大切な人々にとっては重要な問題について時間を割かなければならないことがある。	▶	❻議論のなかに、ユーモアや仕事に関わりのない話題を織り交ぜる。 ❼事業や会社にとってあまり重要でない話題もある。
•アジェンダ実行のためにネットワークを活用する際、ゼネラル・マネジャーは、直接的・間接的な方法を駆使して影響力を行使する。「命令」のような旧来のやり方は手段の一つにすぎない。	▶	❽人と会っている間に命令を下すことはめったにない。 ❾他の人々に働きかけようとする。

いため、ゼネラル・マネジャーは意に反してそれらに多くの時間を割くことになる（パターン❼）。アジェンダ設定、ネットワーク構築が完成すると、ゼネラル・マネジャーの主眼はアジェンダを実行するためのネットワーク活用に置かれる。その際、広範囲にわたって直接的・間接的な影響力を行使する。命令は手段の一つにすぎない。このような状況下で人々に命令を下すことはほとんどない（パターン❽）が、他の人々に働きかけようと多くの時間を費やす（パターン❾）ことは十分予想できる。

◉非能率的に見える行動の効率性

ゼネラル・マネジャーの日常行動パターンのなかで、おそらく最も理解しがたく、あるいは評価しがたいのは、一日の予定をあらかじめ決めないで、その場その場で対応していること（パターン❿）、短くてとりとめのない会話（パターン⓫）だろう。このような行動は、一見マネジャーらしからぬ行動に思えるが、実はこうした行動こそ、日常で最も重要かつ効率的である場合がある。

ゼネラル・マネジャーへの職務要求はきわめて厳しい。時間管理が下手なら週一〇〇時間以上は仕事をする羽目になるだろう。彼らはそれを、何とか平均で五九時間に抑えているのである（パターン⓬）。アジェンダやネットワークは、ゼネラル・マネジャーにとって時間管理のカギでもある。それゆえ彼らは、日常的には場当たり主義に見えようとも、周囲の人々や出来事に効率よく反応することで、長期計画に貢献できると信じている。それが効果的かつ効率的であることは次の例からわかる。

ジャック・マーチンは会議に向かう途中、エレベーター近くで、直属の部下ではないスタッフにばったり出くわした。すかさず彼は、わずか二分間話しただけで三つのことをやってのけた。まず質問を二つして、必要な情報を引き出した。次に、相手の最近の功績を心から称賛して、友好関係をいっそう深めた。そして最後に相手にやってほしい仕事の承諾を得た。

スタッフに出くわしたマーチンがとっさに重要な質問をし、重要な仕事を頼めたのは、頭の中にアジェンダがあったからだ。また、このスタッフと面識があったからこそ、そんなに素早く協力が得られたのである。こうした出会いを前もって予定するには、アポイントメントをとらねばならないし、少なくとも一五～三〇分はかかってしまう。たまたま出会って話す場合より、七・五～一五倍の時間がかかる。それまでに相手と良好な関係ができていなければ、もっと時間がかかるかもしれないし、そもそもわざわざ会って話しても成果はないかもしれない。

このように、アジェンダとネットワークがあれば、断片的な会話でも意思が通じるのできわめて効率的に仕事が運ぶ。次に挙げる会話はそのよい例である。ニューヨーク銀行の事業部長、ジョン・トンプソンはある朝一〇時半頃、自室で、部下のフィル・ドッジおよびジュド・スミスとこのような会話を交した。

トンプソン　ポッターはどうかね。
ドッジ　ＯＫだそうです。

スミス　シカゴの件、お忘れなく。
ドッジ　ああ、そうだった（メモする）。
トンプソン　よしと。それで、来週についてはどうだ。
ドッジ　予定通りです。
トンプソン　それはけっこう。ところで、テッドの具合はどうだい。
スミス　快方に向かってます。火曜日に退院しました。顔色もよいとフィリスが言っていました。
トンプソン　それはよかった。ぶり返さないといいんだが。
ドッジ　（去り際に）それでは、午後にまたお目にかかります。
トンプソン　わかった。（スミスに向かって）さて、これで全部済んだかな。
スミス　はい（立ち上がって退室しようとする）。
ローレンス　（廊下から入ってきてトンプソンに話しかける）四月の数字をご覧になりましたか。
トンプソン　いや、まだだけど、君は見たのかい。
ローレンス　ええ、五分ほど前に。ＣＤは五％減りましたが、そのほかはうまくいってます。
トンプソン　思ったよりいいね。
スミス　ジョージはきっと喜んでいますよ。
トンプソン　（笑いながら）喜んでいられるのも、私が声をかけるまでだな。
秘書　（入り口から顔をのぞかせて）フィル・ラーソンから電話です。

トンプソン　すぐ出るよ。ジョージに後で寄るよう伝えてくれ（全員退室。トンプソンは受話器を取る）。おはよう、フィル。元気かい。……ああ……本当かね……そんなことはない、心配するな。一五〇〇万ドルぐらいだよ……ああ……わかった……そうそう、あの晩はサリーもご機嫌だったよ。ありがとう。……いいとも。……それじゃ。

ローレンス　（再びやってくる）ジェラルド社の提案についてどう思われますか。

トンプソン　気に入らないね。あれじゃ、本社やハインズに約束したことに合わないよ。

ローレンス　ええ、私もそう思います。ジェリーはどうするつもりなんでしょうか。

トンプソン　彼にはまだ話してないんだ。（電話をかけながら）彼、いるかな。

この会話は支離滅裂なものに聞こえるかもしれないが、多くの人の日常会話と大差ない。この会社の事業や組織についても、トンプソンのアジェンダについても知らないから奇妙に思えるにすぎない。つまり、ポッター、テッド、フィリス、ジョージ、フィル・ラーソン、サリー、ハインズ、ジェリーとはだれか、また「シカゴ」「四月の数字」「CD」「ジェラルド社の提案」とは何のことか、そしてポッターやハインズがトンプソンのアジェンダでどのような役割を果たすのかがわかっていれば、見え方も違ってくるだろう。

もっと重要なことに、この会話は、「支離滅裂ではない」どころか、実際驚くほど効率的なのである。トンプソンは二分足らずで、次のことをすべてやってのけたのだから。

❶マイク・ポッターがある融資問題で力を貸してくれることを知る。この問題がうまく解決できなければ、ある地域におけるトンプソンの事業拡大計画は大きな打撃を受けかねない。
❷その融資に関してシカゴのある人物に電話することを、部下の一人が思い出させてくれた。
❸その融資に関して、来週の予定の段取りが済んでいることを知る。それには、社内会議が二回、顧客との打ち合わせが一回含まれている。
❹テッド・ジェンキンスの手術後の経過が良好であることを知る。テッドはトンプソンの部下で、今後二年間の事業部の方向性を決める、トンプソンの計画実行に重要な役割を担う人物である。
❺事業部の四月の業績は一分野を除いて予算通りだったことを知る。その結果、月間売上げばかり気にするプレッシャーは減り、問題分野の売上げ拡大に注力できるようになった。
❻四月の業績について、ジョージ・マソリアと話し合うことにした。トンプソンはCD（定期預金）部門に関して今後の方策を検討してきた。事業部全体の目標を達成するには、CD部門が予算を達成しなければならないと考えている。
❼社内の別分野にいるフィル・ラーソンにすすんで情報を提供した。ラーソンはこれまでずいぶんトンプソンを助けてくれたし、これからも頼もしい味方だからだ。
❽部下のジェリー・ウィルキンスに電話をかけ、他部門からの提案に対する彼の反応を探った。その提案は、トンプソンの事業部に影響を及ぼすからだ。トンプソンはそれによって事業部の五カ年計画に支障をきたすのではないかと懸念している。

図表4-8◉**非能率的に見える行動の効率性**

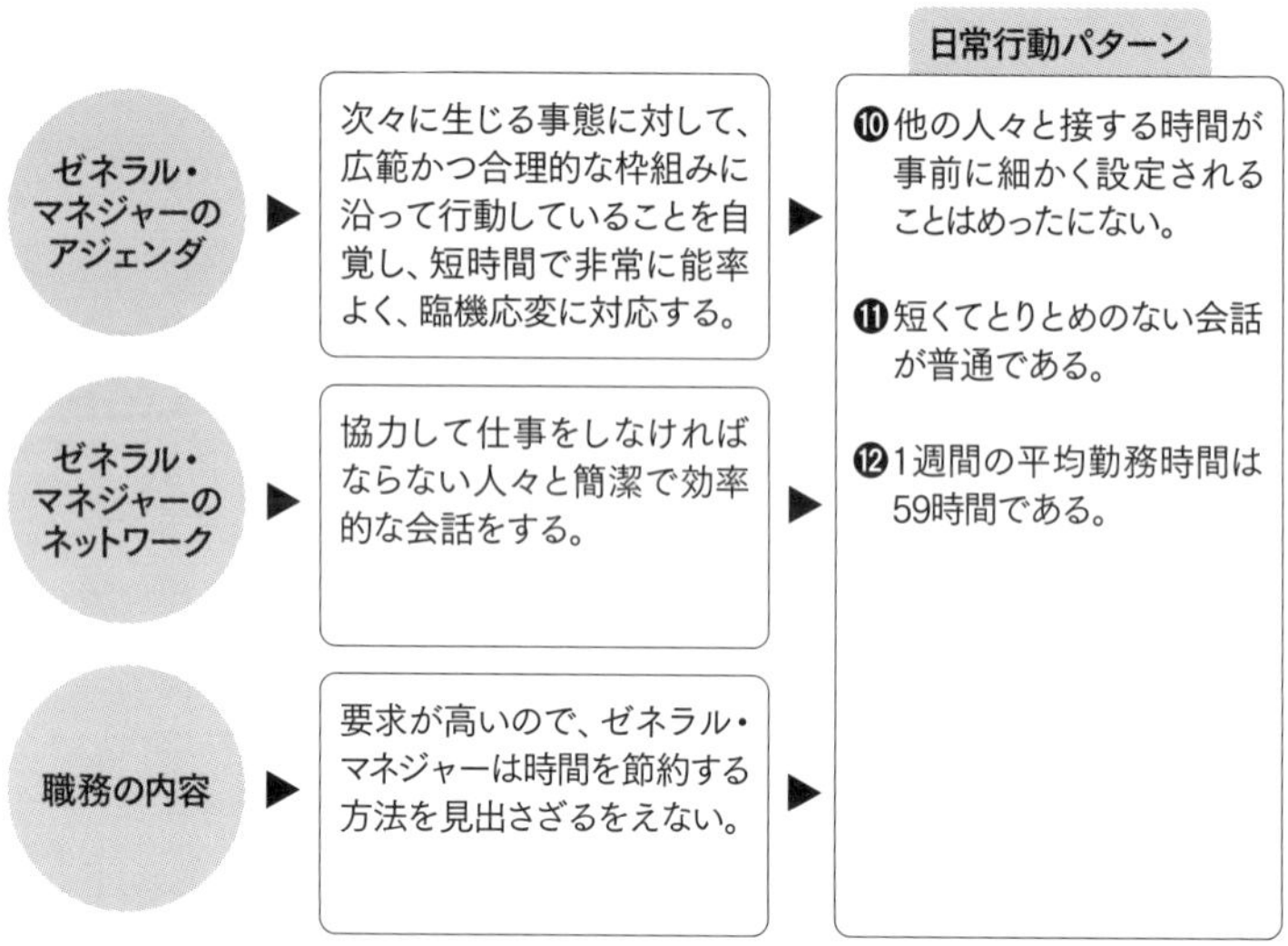
日常行動パターン
ゼネラル・マネジャーのアジェンダ
次々に生じる事態に対して、広範かつ合理的な枠組みに沿って行動していることを自覚し、短時間で非常に能率よく、臨機応変に対応する。
ゼネラル・マネジャーのネットワーク
協力して仕事をしなければならない人々と簡潔で効率的な会話をする。
職務の内容
要求が高いので、ゼネラル・マネジャーは時間を節約する方法を見出さざるをえない。
⑩他の人々と接する時間が事前に細かく設定されることはめったにない。
⑪短くてとりとめのない会話が普通である。
⑫1週間の平均勤務時間は59時間である。

トンプソン、リチャードソンをはじめ本調査におけるゼネラル・マネジャーのほとんどは、トム・ピーターズも最近指摘していたように、「一日の間に規則性なしに四六時中生じる時間の断片、問題点の断片の連続の中から、一つひとつの事項の意味を読み取り、最大限に生かすのに長けている」[注11]。高業績のマネジャーほどこの傾向が強い。その基盤はネットワークとアジェンダである（図表4－8参照）。

アジェンダを設定しておけば、ゼネラル・マネジャーは周囲で次々に生じる事態に臨機応変に（しかも、きわめて能率的に）対応できる。さらに、自身も広範囲に及ぶ合理的な枠組みに沿って行動していることを自覚している。ネットワークができていれば、会話は簡潔できわめて効率的になる。ネットワークがなければ、これほど内容のある会話を短い間に交わすことはできないだろう。アジェンダとネットワークの両者があってこそ、ゼネラル・マネジャーは一見「らしからぬ」行動パターンをとりながらも、数々の難題を効率的に解決できるのである。

ゼネラル・マネジャー像　その❸

これまで述べてきたことから、ゼネラル・マネジャーの職務は次のように要約できる。

- 能力的にも対人関係においても、要求される内容が非常に厳しい。これに応えられるだけの個人特性を持った一種のスペシャリストがこの職務に求められるし、現に職務に就いている。
- この要求と個人特性ゆえに、ゼネラル・マネジャー特有の取り組み方法が生まれる。
- この方法によって、ゼネラル・マネジャーの日々の時間の使い方に共通点が見られる。

ゼネラル・マネジャーの行動は、(本章でいくつか紹介したように) 個別に見れば多少風変わりな例もあるが、全体的には首尾一貫し、論理性がある (図表4－9参照)。これとは異なるやり方で職務をこなしている、あるいはこなそうとしている経営幹部は、マネジメントに関する認識が現実とかけ離れているといえよう。たとえば、責任や諸活動については、小規模で単純でありルーチンで予測しやすいととらえられていたり、人間関係についても、関わる人数は少なく顔ぶれも似たりよったりで、(頼れ

ゼネラル・マネジャー本人

事業知識と対人関係

- 担当事業や統轄組織について精通している。
- 統轄組織および業界内に広範な人間関係を張り巡らせている。

基本的パーソナリティ

- 平均以上の知能、優れた分析力・直観力、楽観主義、目標達成志向を持つ。
- 人柄のよさ、権力志向、対人関係構築能力、情緒的安定、さまざまな事業スペシャリストとの関係構築力を持つ。
- 向上心にあふれている。

⬇

日常行動パターン

❶大半の時間を他の人々と会うことに費やす。

❷会う人のなかには、上司、直属部下以外の多数の人々を含む。

❸他の人々と会話する話題は広範にわたる。

❹会話中に、多数の質問をする。

❺会話中に意思決定することはない。

❻議論のなかに、ユーモアや仕事に関わりのない話題を織り交ぜる。

❼事業や会社にとってあまり重要でない話題もある。

❽人と会っている間に命令を下すことはめったにない。

❾他の人々に働きかけようとする。

❿他の人々と接する時間が事前に細かく設定されることはめったにない。

⓫短くてとりとめのない会話が普通である。

⓬1週間の平均勤務時間は59時間である。

図表4-9◉ゼネラル・マネジャーの行動に影響する諸要因

ゼネラル・マネジャーの職務

責任と対人関係

- 膨大かつ複雑で多様な相互依存的諸活動に対して責任を持つ。
- 上司、多くの部下たち、および配下にない人々に依存している。

派生する要求

- 状況が不確実で多様であり、関連情報が大量にあるなか、明確な意思決定をしなければならない。
- 大半が直接の指揮下にはない多種多様な人々を通じて職務を遂行しなければならない。

↓

仕事への取り組み方

最初の間は、

- 事業や組織についての最新知識、重要な人々との対人関係、および知能や対人関係能力を活用して、職務上の複雑な要求に応えられるだけの事業知識を獲得し、アジェンダを設定する。毎日継続的に行われる非公式なプロセスとして、多くの質問や、目標と計画に緩やかに結びつく、大部分は文書化されないアジェンダを実行する。
- これと並行して、職務上依存せざるをえない部下、上司、その他の人々との間に協力関係の人的ネットワークを発展させる。依存度が高いほど、対人関係の発展・維持のためのさまざまな手段を活用することに割く時間と努力が大きくなる。

後には、

- アジェンダの実行に役立つよう、人的ネットワークを活用する。そのために直接的・間接的な方法を駆使して影響力を行使する。また、アジェンダの内容を更新する情報に関してもネットワークに依拠する。

る存在というよりは）人員の供給源にすぎないと想定されている。

このように、ゼネラル・マネジャーの仕事が複雑ではないと考えるなら、取り組み方はまったく違ってくる。アジェンダ設定は経営計画通り進められ、ネットワークもこれまでの関係をすっきりさせたり強化したり、有能な部下を選抜するなどの、より適切な方法が用いられることは少なくなり、構築に十分な時間は割かれない。アジェンダの実行や更新でも、直属の部下だけを頼り、直接管理して成果にこだわるようになるだろう。

しかしながら現実には、管理という職務、とりわけゼネラル・マネジャーの責任と諸活動は広範囲に及び、多様で変化の大きいものとなっている。同時に、職務にまつわる人々や人間関係もその数が増え多様となっており、単なるマンパワーでなく、むしろ、信頼度の面が大きくなっている。だからこそ、本章で述べたゼネラル・マネジャーの基本的な行動パターンが、今後、より明確に認識されることを期待している。

第5章 ゼネラル・マネジャーの行動の相違点
——人物像を探る

General Managers in Action : Part II ——Differences in Behavior

二人のゼネラル・マネジャー

米国の大手企業インターナショナル・コンピュータ社に勤務するトム・ロングとリチャード・パポリスは、本社の経営陣から高く評価されていた。両者共に業績が抜群で、輝かしいキャリアを備えていた。しかし、その行動には大きな違いがあったので、(私の接触した人を含め) 社内の何人かは、どうして両者が共に有能でありうるのか不思議がってもいた。

私は二人との面談前に、相違点に気づいた。ロングとの初めての会合は午前八時半の約束だった。私は八時一五分に出社したが、彼はすでに午前七時半から面談中だった。彼の秘書がコーヒーをいれてくれて、八時半きっかりに部屋に案内してくれた。

一方、パポリスとの初めての面談は午前九時の約束だった。私は八時四五分に出社したが、彼はまだ出社していなかった。秘書がコーヒーとクッキーを出してくれて、部屋でしばらく待たされた。彼は九時一五分にやってきた。

二人はまったく異なる環境で仕事をしていた。ロングの部屋はモダンで品がよく実にシンプルで、机の上は整理整頓されていた。一方、パポリスの部屋は、少なくともロングのそれと比較する限り、雑然としていて、机はもので覆われ、壁一面に写真や座右の銘、自分の描いた絵画が貼られていた。

ロングの日課は、彼の部屋同様整然としていた。大半の時間は会議に費やされる。常に明確な目標があり、容赦なく部下たちに目標を達成させていた。彼のやり方には、さながら軍隊の演習で「一、二、三、四。一、二、三、四」とかけ声をかけるようなリズムと規律があった。

パポリスの日課は、ロングのそれとは異なる。会議の予定が入っているものの、その数はロングより少なく、大半の時間は部下たちとの話し合いに費やされた。仕事を一気に片付けてしまうこともあれば、のんびり構えていることもある。声の調子も穏やかな時があるかと思うと、大声で部下を怒鳴りつけることもあった。

日課の内容もそれぞれ異なる。ロングはもっぱら短期的な課題に携わっていたが、パポリスは、中長期の課題が多い。またパポリスは、部下とのコミュニケーションに時間を費やすが、ロングは、上司や他部門の事業統轄責任者《ゼネラル・マネジャー》との関係に神経を使っていた。

勤務時間を見ても、ロングは通常午前七時から午後六時まで、週約六五時間だったが、パポリスは週約四〇時間で、それを誇らしく思っていた。

本調査の他のマネジャーたちは、ロングともパポリスとも異なる行動をしていた。前章で見たように、ゼネラル・マネジャーは、ある面では驚くほど類似した行動をとるが、仕事の取り組み方や毎日の時間の使い方では異なる点も多い。ロングとパポリスの行動は本章で詳しく見るが、まずはゼネラル・マネジャーの行動の相違点とその要因を見ていこう。

基本の行動パターン

四つの相違パターン

第4章で見たゼネラル・マネジャーの間に共通する行動パターンをもう少し詳しく分析すると、かなりの相違点が浮き彫りになる。それは、アジェンダ設定、ネットワーク構築、アジェンダ実行、日常の諸活動などあらゆる面に及ぶ。具体的には次の四点についての相違が大きく、場合によっては共通点よりも相違点のほうが多かった。

❶どのような人と接しているか。

アンダーソンやフランクリンが仕事で接するのはせいぜい延べ二〇〇〜三〇〇人程度であるのに対し、ゲインズやロングは二〇〇〇〜三〇〇〇人にも及ぶ。また、パポリスが日常的に接する人々の四分の三は部下（もしくは部下の部下）であるが、マーチンが部下と会うのはわずか五％にすぎない。さらに、リチャードソンやポーリンがアジェンダ設定、ネットワーク構築、およびアジェンダ実行にあたって接触した人々の大半は大学院教育を受けた人だったが、アンダーソンやゲインズの相手は全員高等教育を受けていなかった。

❷どのような事柄に携わっているか。

アレン、マーチン、ロングが短期的な課題に九〇％以上の力を傾けていたのに対し、ポーリンとパポリスは五〇％以下にすぎない。また、フランクリンとゲインズはもっぱら販売に注力したが、ドナヒューは新製品開発に従事した。時間配分でも、パポリスのように赴任して一年以上経過していたにもかかわらず、ネットワークの構築と維持にまだ相当の時間をかける人がいる一方で、コーエンのように赴任して数カ月しか経っていないのに、短時間でアジェンダを設定できる人もいた。

❸勤務時間はどれくらいか。

ゼネラル・マネジャーの全勤務時間の平均は週五九時間だが、リチャードソンやスパークスマンが週七〇時間以上であるのに対し、トンプソンやパポリスは五〇時間以下である。

❹人とどのような接し方をしているか。

アジェンダ設定時、ドナヒューのようにもっぱら他の人々への質問に頼る人がいる一方で、フランクリンのように質問をしない人もいた。ネットワーク構築時に、パポリスのようにユーモアをちりばめる人もいれば、ロングのように努めて部下の仕事ぶりを褒めようとする人もいた。アジェンダの実行段階では、ゲインズのように強制的で威圧的なやり方をする人がいる一方で、マーチンのようにそうでない人もいた。

図表5-1◉ゼネラル・マネジャーの行動の相違点を生む力学

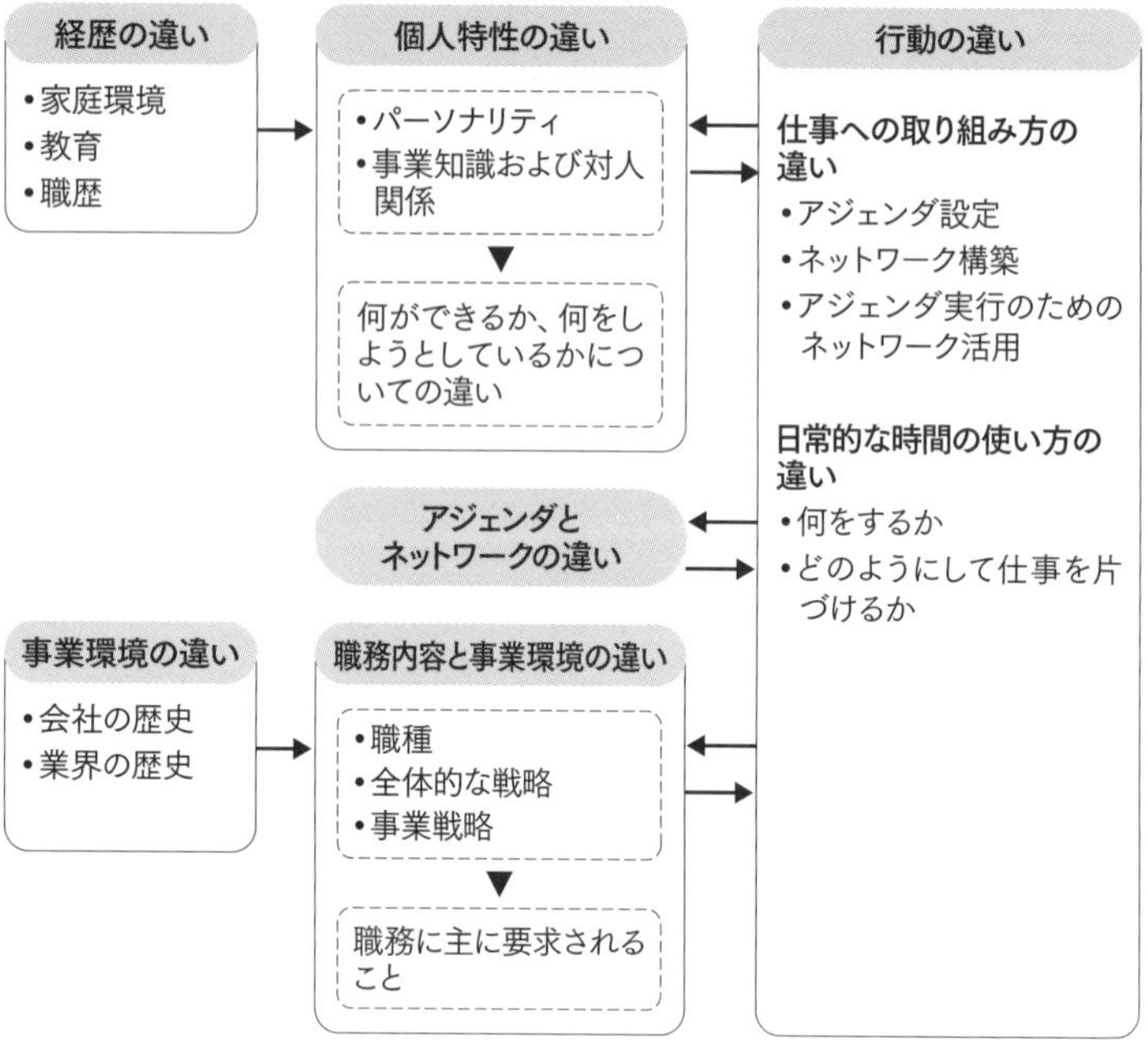

◉相違の要因

ゼネラル・マネジャーの行動の相違点は、第4章で見た共通点と同じ要因から生じる。たとえば、ゼネラル・マネジャーになりたての頃は、職務に対する要求と個人特性の違いが、そのまま行動の違いとなって表れた。さらに、職務要求の違いは、職種、会社、事業の違いによる（これらはさらに、第2章で見たように会社と業界の歴史によって異なる）。同様に個人特性は、第3章で見たように個人の歴史によって異なる。

その後、半年から一年を経過す

ると、今度はアジェンダやネットワークの違いから行動の違いが浮かび上がってくる（図表５－１参照）。たとえば、行動に影響を及ぼす要因としては、タイプ別の職務内容とその規模が重要であった。製品・市場担当ゼネラル・マネジャー（ゲインズ、マーチン、ジャクソン、ドナヒュー）は、独立事業部ゼネラル・マネジャー（アンダーソン、コーエン、フランクリン、フィローノ、パポリス）より頻繁に同僚や社外の人々と接触し、アジェンダ設定、ネットワーク構築、アジェンダ実行を行っていた。その際、彼らは、他に比べて倍も出張をしていた。他方、業務担当ゼネラル・マネジャー（アレンとロング）はより短期的なアジェンダの設定と実行を重視していた。

これらは訪問調査の時に判明したことである。加えて、大規模な企業ないし事業部のゼネラル・マネジャーは、小規模な企業ないし事業部のゼネラル・マネジャーよりアジェンダ設定、ネットワーク構築、実行の過程でより多くの人々と接触していた。とはいえ日常では、必要上あらかじめ設定されている会議の場などを通じてである。

個人的要因という観点でいえば、事業に関する知識と人間関係の差が行動に影響を与えていた。たとえば、事業や組織に関する知識を備え、仕事上の重要な人間関係を築き上げたゼネラル・マネジャーは、就任後半年はアジェンダ設定とネットワーク構築にそれほど時間をかけず、実行に時間を割く。したがって、ジョン・コーエンのように同じ事業部で内部昇進した人は、ダン・ドナヒューのように別の事業部から栄転してきた人に比べて、就任後数カ月は短い勤務時間で何でも事がスムーズに運んだ。

就任してしばらく経つと、出来上がりつつあるアジェンダやネットワークの違いが、ゼネラル・マネジャーの行動に直接的な影響を及ぼす。アジェンダが異なれば課題も異なり、ネットワークが違えば接触する人々も違ってくる。また、ネットワークがアジェンダの実行に役立つかどうかでゼネラル・マネジャーの時間の使い方も労力のかけ方も変わってくる。ネットワークが密でなければ、そのぶんだけ、ゼネラル・マネジャーが自身の時間と努力を傾けねばならないからだ。

図表5－1に示した力学をより深く理解するためには、具体的事例を詳しく見る必要がある。本章では、トム・ロングとリチャード・パポリスのケースで分析する。

トム・ロングのケース

ロングの職務と環境

一九七八年時点で、トム・ロングは年間売上高一〇〇億ドルの、コンピュータおよび関連機器メーカー、インターナショナル・コンピュータ社（ＩＣ）の東部地域本部長（タイプは業務担当のゼネラル・マネジャー）である。東部一〇州に及ぶ二〇の営業サービス拠点が彼の管轄下にあり、従業員は約四〇〇〇人にのぼる。一九二〇年、事務機器メーカーとして創業したＩＣは、一九五〇年代にコンピュータ事業を始めるまで小規模だったが、一九六〇年代にコンピュータ市場で確固たる地位を築き上げた。一九七八年まで年間成長率は一五～二〇％を維持していたが、市場シェアは一九六六年をピークに下降線をたどり、厳しい競争にさらされていた。

ロングは東部地域の本部長四人のうちの一人であり、カリフォルニアにある本社の全支店業務統轄責任者の配下にあった。直属の部下は、支店業務担当マネジャー三人（各自が七支店を監督していた）のほか、技術サービス・マネジャー、販売マネジャー、監査マネジャー、人事担当マネジャーであった。加えて法務部のスタッフ一人が東部地域の中核拠点に常駐し、ロングたちを後方支援した。ただし、製造と製品開発の担当者はいなかった。

ロングら地域本部長四人の任務は、販売、サービス、予算管理、雇用、純利益に関わる分野の一〇以上の年度目標を達成することだった。業績測定システムによる目標達成度によって、各地域ならびに各支店のランク付けが定期的に行われた。

事業規模が大きいうえに、製品や市場は比較的新しく、最近の企業業績もそこそこという状況で、ロングたちに課せられた職務上の要求は厳しいものだった。しかし、地域本部長という職務の性質上、その要求は業務管理に関する短期の意思決定と部下の管理が中心であった。指揮や方向性が課題となる長期的な要求は、成長率、新製品開発率、技術の高度化などであるものの職務に含まれているのでさして困難ではなかったが、資源配分という中期的案件では、会社の成長率が資源を圧迫するため、比較的難しかった。とはいえ製品開発のように多方面にわたる責任は、地域本部長の職務に含まれないので、それほど期待されなかった。

厳しく要求されたのは、業務管理の短期的課題である。東部全域の顧客は一〇万人以上、部下は四〇〇人と業容は拡大し複雑となり、業績評価が導入され、競争も激化していたからだ。ロングたちの業務の中心課題の第一は、膨大な販売・サービス活動を統轄し、計画通り進め、軌道修正することである。たえず変化に見舞われる事業の性質上、この地域の業績目標について本社の経営陣に判断を仰ぐため、ロングたちは粘り強く交渉しなければならず、それゆえ経営陣との関係を管理する能力が問われた。また、他部署の製造・製品開発に頼らざるをえないことから、その責任者たちとの関係にも配慮が必要だった。もちろん、多くの直属の部下との良好な関係も重要であり、あらゆる業績目標を達成するためには、部下たちの能力とモチベーションを常に維持・向上させる必要があった。これが、地域本部長の中心課題の二つ目である。

ロングの人物像

一九七八年の冬から一九七九年にかけてこの職務に就いたトム・ロングは、ハンサムでかっこいい若手幹部だった。仕事に対するモチベーションが高く、規律正しく自制心に富み、自立心旺盛で、対人関係能力に優れ、細かな点に目の行き届くバランス感覚を備えた人物だった。

ロングは一九四二年生まれで、プロテスタントの家庭の三人兄弟の二番目であった。バージニア州とフロリダ州で主に母親の手で育てられ関係は親密だった。高校時代にはいくつかのクラブの部長を務め、スポーツに精を出し課外活動で多くの表彰を受けた。学業は常にクラスの上位四〇%以内だった。フロリダ大学では週二〇時間のアルバイトで学資を稼ぎ、管理工学で理学士号を取得した。最後の二年間には成績優秀者名簿に載った。

大学卒業後、ロングはフィリス・ブライアンと結婚し、フェアチャイルド生命保険に入社した。保険証書取扱部で見習経験を積んで主任となり、二年後、フィリップス・マニュファクチャリング社の営業担当になると夜間のMBA課程に通い始めた。その一年後、ICの営業課長代理に転職し、以後順調に出世階段を昇った。

ICでは一二年間で一一の職位を経験した。営業課長代理、営業課長、顧客担当課長、営業計画部長、地域担当営業部長、本社営業企画コーディネーター、特別任務（支店長補佐）、支店長、支店業務担当部長（地域担当）、全米サービス業務担当部長、そして東部地域本部長である。この間ロングは、個人と法人双方の販売額で社内表彰を受けた。転勤が多く六回転居したほか、離婚後に再婚して五人の子どもがいた。一九七八年当時、三六歳だった彼は社内最年少の経営幹部の一人だった。

ロングをよく知る六人は、彼の人となりを次のように評した。まずモチベーションについては、「競争心が非常に強い」「野心的である」という。ロングがゆくゆくは社長になりたがっていることはみな知っているようだ。彼らはまた、ロングの業績目標の高さを口にした。「彼ほどできの悪さを容赦しないマネジャーはいない」と評する人もいた。

気質は「規律正しい」「熱心」「意志が強い」「几帳面」と見られていたが、自分の利益のためには手段を選ばないと評する人や、仕事以外の場では強引な一面をあまり見せないと指摘する人もいた。「妻子とはとても仲むつまじく、仕事と違って家庭ではくつろいでいて、休暇をよくとって家庭サービスにも余念がありません。彼のようなタイプには、夜、自宅に仕事の電話をすることはやめたほうがよいでしょうね」。

知的な面に関しては、「とても的確」「徹底的」「かなり能率がいい」「非常に聡明」あるいは「論理的」と評されていた。「ビジネスセンスがいい」と指摘する人もいた。彼の意思決定は迅速だが、時に急ぎすぎると感じる人が少なからずいた。

対人関係では、「カリスマ的」「きわめて自立的」「コミュニケーションがうまい」「集団の中で力を発揮する」「人々をやる気にさせる」「自分の名声をうまく活用する」「人の能力を見抜く」と評されていた。また、みな口を揃えて、「責任感を持たせるのがうまい」「フォロー・アップがうまい」と言う。加えて、「上司に対しても毅然としている」「駆け出しのマネジャーやスタッフとも打ち解けるので、周囲の人々はすぐに彼を信頼するようになる」と言う。またある人はこう言った。「彼は人間心理の機微を知り尽くしているので、人を威圧したり手なずけたりして、思いのままにできるのです」。

ロング自身も、話を聞かせてくれた人々も、口を揃えて言うことだが、ロングのやり方は、「人々に対して率直に接する」ことだという。「彼はとても寛大で、相手の立場をいつもわきまえています」と言う人もいれば、「対立を建設的に解消します」と言う人もいる。一致するのは、「公正で誠実」「きわめて倫理的」であるという点だ。唯一の批判は、「権限委譲が時に不十分である」ことくらいだった。

また、「以前の部下たちからも尊敬されている」「上司とも良好な関係」にあると言う人が多く、「直属の部下たちの間だけでなく、事業部全体でも目立つ存在でしたし、彼自身も周囲の人々の名前をよく知っています」と言う人もいた。ロングを尊敬していると言う人は、そのわけを「彼は勝者だからですよ」と答えた。知識という観点からは、「計画や組織づくりなどマネジメントの基本を熟知している」と見られていた。ＩＣでの一二年間で、ロングは事業の営業面とサービス面についても深い知識を獲得していた。

ロングの仕事に対する取り組み方

東部地域本部長としてのロングの業務に対する基本的な取り組み方を要約すれば、「最大限の業績をあげるよう組織を活性化させる」ないしは「組織を勝ちに向かわせる」ということになろう。彼は組織を預かる責任者として、本社から指示される高水準の業績を達成すべく積極的に指揮し、部下たちを鼓舞した。たとえば、具体的かつ高めに設定した目標をたくさん含んだ短期志向のアジェンダを設定した。ある程度は経営陣から課されたものであるが、彼はそれに加えて、経営計画プロセスに人々を引き込み、事業に関するみずからの詳細な知識に依拠してこのプロセスを指揮した。

ネットワークの構築と維持という観点から見ると、ロングは組織内の既存の人間関係と、みずからのネーム・バリューや対人関係能力を使って、複雑ではあるが職務上役立ちそうなネットワークに素早く

図表5-2●**トム・ロングが発信した社内便の例**

社内便

宛先：地域本部上級スタッフ　　発信人：T. R. ロング

テーマ：9月12日開催の上級スタッフ会議とそれに続く活動について　　日付：1977年9月14日

❶ジャック・リンチは、春季人的資源調査計画の更新日程表を我々に提出する責任がある。日程表には、パネル・インタビュー手続と質問項目の開発に要する日程を含め、重要な全日程が含まれていなければならない。日程については、9月19日のスタッフ会議において、我々を交えて検討するものとする。

❷支店の業績報告制度は現時点では不要であり、混乱を招くという点についておおむね合意をみた。マイク・ルイスは、現行の戦略にそぐわないこの制度の実施を遅らせるべく、ゲーリー・オコンネルと共に作業を継続することに同意した。

❸マイクと私は、活動・資源計画案を配付するための最終日程表を作成する会合を持つことで合意した。我々は、1日ないし2日かけて、活動・資源計画案を徹底的に議論する。資源計画案は別の機会に議論するかもしれないが、活動計画案は1日あるいは2日間の会議で決着がつく見込みである。

❹地区本部の上級スタッフおよび支店マネジャー全員に、「雇用機会平等化」に関する自分たちの責任をよく理解しておくよう再度確認した。これについては過去2カ月にわたって強調してきたので、全支店が差別撤廃措置を責任をもって達成しなければならない。

❺支店業務担当マネジャーは、全サービス部内の見直しのために、カール・アンダーソンおよび彼の主要スタッフと会合を持つことに同意した。

❻マイク・ルイスは、毎週月曜にインストールの効率について、報告書を我々に提出することに同意した。

❼ポール・トンプソンは、当初計画を95％に削減した支店人員1,200人計画の改訂案通達に責任を負う。通達は、9月16日金曜日までに行われるものとする。

TL：sw

入り込んだ。彼は各グループに気軽に話しかけたり職場を巡回したりして、自分の姿がたえず目につくようにした。こうして彼は、(インタビューした大半の人の言葉に従えば)「部下から尊敬されている」、上司や重要な同僚と「信頼関係にある」というプロフェッショナルとしての評判を得た。ロング自身は、「(ネットワーク内の部下たちに)この地域で目的が達成でき、仕事が楽しめるような環境を作る」ことを心がけていた。

ロングはアジェンダ設定とネットワーク構築にかなりの時間をかけたが、就任して半年後には大半の時間をその実行に費やしていた。実行にあたっては、巧みにアメとムチを使い分けた。褒めたり催促したり、認めるかと思うと威圧したりと、人々が目標を達成するように促した。とりわけ、詳細な目標をとことん追求し、自身のネットワークやスキルと、従来の社内システムを効果的に活用した。

図表5－2は、定例のスタッフ・ミーティングの後でロングが出す典型的なメモを再録したものである。ここから、ロングの実行スタイルについて多くを読み取れるはずである。

◉ロングの日常行動

一九七八年九月、私が訪問調査した三日間に、ロングの仕事に対する取り組み方がどのように日常行動に表れるかを目にする機会があった。初日はニューヨーク支店へ出張、次の日の午前中は近くのホテルで支店マネジャー会議、三日目、ロングは東部地域本部にずっといた。三日とも彼は地味なビジネス・スーツを着ていた。

地域本部で仕事をした日、ロングは午前七時四五分に出社し、午後六時には退社した（彼によれば、会社、出張中、自宅での勤務時間は週平均六五時間だという）。一日のほとんどの時間を、自室で過ごすか隣室での会議に費やした（八〇％の時間は人と会っていると彼は言う）。ロングの部屋は約五・五メートル四方のモダンな角部屋で、趣味もよく整然としていた。二、三枚の表彰状、「優秀かどうかは気持ちのあり方一つだ」と書かれた額、子どもの写真がかけてある以外に壁には何も貼っていなかった。

その日の会合の内容は、次の通りである。

• 支店業務担当マネジャーと一時間四五分の打ち合わせ。このマネジャーは六つの議題を携えてきたが、ロングは他の議題も取り上げた。販売目標の達成、ある人事問題の処理、ロングが訓練計画から得た教訓、業績評価、月末の会合、本社発の社内便通知に関する質問がそれである。そのマネジャーは時々、持参した大きな黒いノートを参照していた。
• 一九七九年の年間計画と予算に関する二時間の会議。六人が出席。会合は今後二カ月間の計画・予算策定プロセスの具体的手続き、各支店の目標の妥当性の確認、ならびにこの策定プロセスで関係者が目標を受け入れるかどうかを検討した。
• 一〇個もしくはそれ以上の項目についてスタッフと短時間の打ち合わせ。

支店長会議の日はほとんどの時間、ロングは他の人たちの報告に耳を傾けた。また、簡単なスピーチをし、表彰状を手渡し、行事全体を指揮した。彼が姿を見せると、いつも歓迎された。

ニューヨーク支店出張の日、同支店担当の支店業務担当マネジャーとロングは、現地へ向かう機中で、厚いノートを何度も参照しつつ同支店の当面の業績や問題点、主要な人事などを検討した。空港から車でホテルに向かい、会議室で支店長ほか約一〇〇人が参列する会議に出席した。会議は支店長が司会を務め、約二時間続いた。新製品等についての報告があったが、会議の主な目的は、好調な業績を称え、表彰することだった。会合でのロングの唯一の役割は、受賞者に賞を手渡すことだけだった。

ロングは会合後に多くの人と話をしたが名前をすべて知っていた。二五人の支店マネジャーたちが昼食の席に着く間、ロングは最近発令した配置転換を嫌がっている従業員と個人的に会った。三〇分後、二人は晴々とした表情で現れ、配置転換の受諾を発表した。

昼食を手早く済ませると、ロングはマネジャーたちを前に簡単なスピーチをして質疑応答に入った。約二時間、彼はマネジャーたちに、気がかりなことや問題点をざっくばらんに話すよう勧め、それに対して率直かつ誠実に答えた。最後は拍手喝采だった。

リチャード・パポリスのケース

リチャード・パポリスもＩＣに勤務していたが、彼の状況はトム・ロングと異なる。

パポリスの職務と環境

パポリスは、一九七八年の冬から一九七九年にかけてICのデータトラック事業部長を務めていた(タイプは独立事業部のゼネラル・マネジャー)。パポリスら五人が一九六九年に設立したデータトラック社をICが一九七六年に吸収してできた同事業部は、一九七八年当時の年間成長率が三〇%に達していた。

データトラック事業部の一九七八年の売上高は四〇〇〇万ドルである。従業員は六五〇人以上で、そのほとんどはサンフランシスコ近郊の本部に配属されていた。同事業部は約七〇%の市場シェアを占め、コンピュータ産業の一分野でトップの地位にあった。製造製品は、単価一〇〇〇ドルから七万ドルの約四〇種に及ぶ。世界中にいる何千という顧客に販売されるこれらの製品はすべて、一つのコア技術を基盤としていた。経営陣たちは設立以来、この技術が業界を席巻するという信念を持っていた。

パポリスが統轄するデータトラック事業部は、マーケティング、エンジニアリング、研究開発、財務、品質保証、システム(ソフトウエア)開発、製造、人事の八部門で編成されていた。マーケティング、エンジニアリング、研究開発、財務を統轄する責任者四人は、パポリスと共にデータトラック社を設立した面々である。この組織には正式な政策、手続き、規則や規制はほとんどなかったが、代わりに形式ばらず大胆で、イノベーション、従業員への心配り、オープン・コミュニケーション、柔軟性と自立性を重視する強力な組織文化が根づいていた。多くの従業員がユニークと感じるような打ち解けた伝統がこれに一役買っていた（図表５－３参照）。この点について、パポリスは次のように説明した。

わが社は多くの点で、他の会社と異なります。たとえば、我々は馬鹿げた方針にはとても敏感です。規則でがんじがらめにするようなことはしません。組織機構は複雑ではなく、だれもが理解できる簡素なものです。形式にはこだわりませんが、かといって、風変わりな服で周囲を驚かせるつもりもありません。努力がどうこうではなく、結果がすべてだと明言しています。我々はとにかくよくしゃべります。くだらない話題もありますが、大半は仕事に関することです。社員に行儀よく振る舞えとか、こうすべきだと言ったりしません。役員専用の駐車場なんかもありません。私も隣人と同じように歩けますからね。権限は、畏怖の念からではなく能力に基づいて与えられるべきです。人を大切にすることは賢明なことです。ここには命令も罰則もありません。嘘つきは嫌われます。そんな人はすぐに追い出しますよ。紛れもない事実をよしとします。「パポリスが来るぞ、ちゃんとしろ」と耳にすることもありません。地位や肩書きを自慢するようなこともしません。そして、私どもは、難局に挑戦することが好きです。

データトラック事業部は、サンフランシスコ近郊の現代的なスペイン風の二棟の建物にあった。大半の人は個室を持たず、持っていたとしても鍵の付いてないガラス窓付きドアだった。受付のほかあちこマイク・ディクソン、ボブ・アレン、エリック・フランクリン、およびリチャード・パポリスです。その他の会議室は、ファンタジア（幻想的）、サンシャイン（太陽）、ギャザリング（集合）など、いずれも独創的な名をつけられています。

特別行事

会社が重要な節目を乗り越えるたびに、一緒に働く仲間が集まって、生演奏の音楽や軽食、面白い出し物がいっぱいの会社主催のパーティで祝います。また、たとえばクリスマスは、賛美歌を歌いながら練り歩いたり、各従業員は思いもかけぬクリスマス・ハムのプレゼントをもらったりして盛大に祝われます。データトラック社のハロウィーン仮装コンテストも従業員のもう一つの人気イベントです。

従業員が入社後5年目、10年目の記念すべき日を迎えると、会社がお祝いします。長期間勤める従業員は、データトラック社にとって大切な特別の存在であり、彼らの名誉となるよう、一人ひとりに特別なロゴ・マーク入りのピンバッジが経営陣から授与されます。

我々のものの考え方

会社のモットーである「大胆であれ」は、至るところに掲げてあります。余興で作ったデータトラック社のTシャツの胸にも、この言葉が7色で大きく描かれています。このスローガンには、データトラック社を今日のような活気あふれる成功企業にしてきた哲学が込められているのです。

皆に喜ばれているもう一つのことは、わが経営陣が、通常の会社にありがちな役員専用駐車スペースといった特別待遇や、マホガニー材の高級家具がずらりと並んだ雰囲気などを軽蔑していることです。わが社にそのようなものはありません。その代わり、居心地のよさや仲のよさが満ちあふれています。だれもが互いにファースト・ネームで呼び合う仲間なのです。

データトラック社に長く勤め、会社になじむにつれて、わが社が腰を落ち着けるには格好の職場であることがおわかりいただけるはずです。

図表5-3◉『データトラック社の姿——従業員の手引』より抜粋

データトラック社——こういうのも一つのあり方——

データトラック社の創立者5人は、草創期にあったわが社のユニークさを維持したいと考えています。経営幹部にも共有された創立者の経営スタイルや経営哲学が融合して、データトラックは、特別な職場になっています。すばらしいビジネス・センスを働かせる慣行を守り、人々への感謝の念をはっきりと示して、また、楽しみながら目標を成し遂げたことに特別の喜びを感じ続けることによって、そうなってきたのです。

わが社の伝統

我々の流儀は、何年も繰り返されてきた慣行のなかにおのずと表れています。そのため、この慣行がデータトラック社のユニークな伝統となっています。

高く舞う旗

わが社の本部の正面玄関入り口には、色とりどりの旗を掲揚する伝統があります。我々は誇り高く、州旗、国旗を掲げ、40種以上の旗からその日その日にふさわしいもう一つの旗を選び、掲げています。その旗は、特別の来訪者を歓迎したり、たとえば聖パトリック祭のような特別な日を祝福したりするために使用します。インターナショナル・コンピュータ社の社員が来訪する時は、「IC」の文字の国際的なシンボル旗が掲揚されているのを目にすることになるでしょう。また、外国からの来訪者がカリフォルニアのそよ風に高く翻る母国の国旗を目にして、うれしそうに微笑んでいるのを見ることも、我々の喜びとするところです。

会議室の特別あつらえ

わが社の会議室には、社長と経営幹部が手づくりしたチーク材のテーブルが置かれています。彼らの週末の時間は、美しい寄木細工張りの長さ20フィートのテーブルと機能的な軽食用テーブルを作ることに充てられました。両作品は、データトラック社最大の会議室「アンバールーム（琥珀室）」に収められています。

この部屋の名は、琥珀色だからではなく、わが社の創立者を称えるために命名されました。データトラック社の創立者5人それぞれのファースト・ネームのイニシャルを並べると“amber”となるのです。5人の創立者とは、アルバート・トンプソン、ちにパポリスが描いた絵が飾ってある。どの壁やドアにも「大胆であれ」というモットーが掲げられ、個室や机の周辺には私的な写真、座右の銘、ポスターなどが貼られていた。

データトラック事業部の責任者であるパポリスが直面する課題は、トム・ロングのそれとは多くの点で異なる。同事業部は規模が小さく、新しい組織であるため仕事の内容もおのずと違ってくる。七つのタイプで言えば、ロングが業務担当のゼネラル・マネジャー、パポリスは独立事業部のゼネラル・マネジャーに該当し、また新興市場で新製品を扱うということは、急成長、技術開発などの諸要因から生み出される不確実性を抱えることになり、方針設定といった長期戦略への要求がいっそう大きかった。

同じ理由から、資源配分に関する中期的課題に対する要求も厳しかった。一方、事業規模がそれほど大きくないので業務管理などの短期の課題に対する要求はそれほど強くなかった。

パポリスが独立事業部のゼネラル・マネジャーの立場であること、データトラック事業部がかつては完全に独立した組織であったこと、さらに、ＩＣの経営陣から見て健全な業績をあげていたことなどの理由から、上層部との関係や他事業部との組織横断的な関係については多くを要求されなかった。

しかし、トム・ロングとは違う理由で、部下の管理に大きな問題を抱えていた。同事業部で部下を管理するということは、急成長というストレスを抱えながら共に働く多様な人々の間（エンジニアとセールスマン、古参者と新参者など）で、対立関係が生じないよう管理することを意味した。それは、新しい従業員が続々と加わるなかで事業部の文化を守って行くという取り組みにほかならない。

◉パポリスの人物像

パポリスは、傑出した魅力を持つ人だった。彼は目立つ存在で幅広い才能の持ち主であり、マネジメントに関する本調査対象者のなかで、おそらく最も理路整然とした人物であった。パポリスはみずから考え抜いた経営哲学を確信していた。データトラック事業部は、その哲学の産物であった。

一九二七年、ギリシアで四人兄弟の末っ子として生まれた彼は、船長の父とも母とも仲がよかった。ギリシアの高校をクラスの上位三分の一に入る成績で卒業し、ギリシア海軍にしばらく籍を置いた後、カリフォルニア大学ロサンゼルス校（UCLA）で理学士号と物理学の修士号を取得した。

卒業後三年間はエンジニアとしてジョンソン・リサーチ社に勤務した。カトリーナ・ニコラスと結婚し、DLC社で五年間技術主任補佐を務め、フェアフィールド・ルイス社では技術主任として五年間、事業部長として八年間勤務した。一九六八年、部下の研究主任と共に考えた事業のアイデアにフェアフィールド社が乗らなかったことに失望して、翌年、配下のマネジャー四人と共同でデータトラック社を設立し、パポリスが社長、アルバート・トンプソンはエンジニアリング担当副社長、マイク・ディクソンは研究開発担当副社長、ボブ・アレンはマーケティング担当副社長、エリック・フランクリンは財務担当副社長となった。

データトラック社は、一九七〇年に小型コンピュータを初めて上市した。それに続く新製品も好調で、同社は急速に成長した。一九七六年、パポリスたちは自分たちの会社をＩＣに売却し、ＩＣはこれを独立事業部に位置づけた。

一九七八年に初めてパポリスと会った時、かつての設立仲間四人も全員データトラック事業部にいた。その後パポリスは再婚し、最初の妻との間にできた一〇代の子ども二人と一緒に暮らしていた。

パポリスをよく知る人たちは、彼の人となりを次のように語ってくれた。モチベーションについて彼らが口を揃えて言うには、パポリスは「高い業績目標を掲げ」「成功して脚光を浴びることを喜ぶ」「仕事の虫」だった。性格は、「楽天的」「感情的」「熱心」「短気」「強固な意志を持つ」だという。

知的な面に関しては、ある人の指摘によれば、複雑な状況から瞬時にパターンを読み取るという。「たとえば、パポリスはこんな言い方をします。『六カ月前、君がこんなことをやったことがあったね。今同じことがまた起こっているんだよ。昨年も一度あっただろう。ということは、ここにはたぶん、あるパターンがあるんだ』と」。また別の人の指摘によれば、「彼は人が抱えている問題を見抜くのがとても上手です。たいてい彼の言うことは当たっていますよ」。

対人関係では、ほとんどの人が「何が人を傷つけ何が人をその気にさせるかなど、他人の感情を察知する才能が備わっている」と言う。彼はまるで「アマチュア精神科医だ」と感じる人もいた。別の人は、「とても人間的魅力のある人です。あなたも彼の人となりを知り、その家族を知れば、彼が信頼に足る人物だとわかるでしょう」と絶賛した。

だれもが認めるのは、彼は才能豊かな人物だということだ。ある人は、これまで会ったなかで最も才能のある男だと語った。「楽器づくりもするし歌も歌う、料理もできるしヨットも操る、という具合で何でもこなします」。別の人は、「今度の若い奥さんも含めて、彼に太刀打ちできる人は少ないんじゃないかな。料理の腕前は相当なもので、彼が料理している姿を見ていれば、時間配分のうまさがわかりますよ」と言う。私が見たところ、たしかに彼は思慮深く機知に富み、その言葉を引用したくなるような人物であった。たとえば、「事業で成功する唯一の方法は、利益をあげながらニーズを満たすことです。利益をあげずにニーズを満たすというのは慈善事業です。ニーズを満たさずに利益をあげるのは詐欺です」という言葉などは、いかにも彼らしい。

◉パポリスの仕事に対する取り組み方

独立事業部のゼネラル・マネジャーの立場としてのパポリスの基本的な取り組み方はトム・ロングとはまったく異なり、自分が作った組織を維持し、軌道から外れないように組織を導くことが基本である。そのために、彼独自のやり方を採用した。

一九七〇年代の初めまでにパポリスはアジェンダの大部分を設定していたが、それは五年後、一〇年後、二〇年後の全社的な見通しやそのための戦略など長期的展望に立つもので、詳細なものではなく具体的な目標も示していなかった。パポリスを訪問していたある日、彼は私に次のように述べた。

我々は会社が規模も業績も短期間で向上することを望んでおり、それは実現可能な目標だと思っております。その理由はこうです。第一に、私どもの製品市場はこれまで急成長してきましたし、今後数年間もかなりの成長が見込まれるからです。財務アナリスト、技術者など、この予想に疑義を挟む者はいません。第二は、最終的にこの市場を席巻するのは最低コストでできるコスト効率の高い技術だからです。論理的に言って、まさしく当社の技術がこれに当たると確信しております(ここで彼は、その論拠を詳しく説明した)。第三は、この技術で当社は最先端を走り、業界トップだからです。当社が技術的優位性を維持すれば、最終的な目標、つまり、規模も業績も向上するはずです。最後にもう一つ付け加えるなら、特徴ある組織のおかげで、当社は技術的優位性を維持するには絶好のポジションにあると考えております。

パポリスは、時間をかけてネットワークを構築した。(ロングと比較すると)相対的に人数は少なめであり、その大部分は組織内の人々で構成されていた。彼はネットワークの維持にかなりの時間をかけた。すなわち、人々が協働できるようにしたり、新任の役員が早く事業に通じるよう必要情報を与えたり、組織文化を維持することなどに注力した。その際いつも、自身の経営哲学と企業文化に見合ったやり方で、形式にとらわれず直接的かつ個人的に実践していたのである。

加えて、多くの時間を会社設立以来の仲間たちとの接触にあてた。この点についてある人は、次のように述べた。「当社が成功をおさめた一番の理由は、幹部間の関係が非常によかったためです。彼らは自分たちに間違いがないかどうかを納得いくまで話し合います。内輪もめなどいっさいありません。彼らの関係は親密で、協力して問題解決に当たります。パポリスが、そのキーマンなんですよ」。別のマネジャーによれば、「もし別のリーダーだったら、経営陣が対立した場合、致命傷となるかもしれません。リチャードがいるおかげで、当社がそういう事態に陥ることはありません」。

ロングなど他の多くのマネジャーと比べて、パポリスはアジェンダの実行にさほど時間をかけていなかった。あるマネジャーは、「リチャードが示す会社の方向性は、長期戦略とその哲学に沿っています。その範囲内でかなり自由に腕をふるっていますよ」と言う。ネットワーク構築とアジェンダの実行に対する取り組みについて、パポリス自身は次のように語った。

私の職務は、事業計画を遂行するうえで私が重要と考えることを部下が率先してやるように仕向けることです。絶対に命令などしません。必要なアクションがおのずと生じるようにします。それは、いわばアートの世界ですけどね。たとえるなら、状況という「木目」を見つけそれに逆らわずにいくことが必要です。と言うよりも、私の趣味でもあるヨットの操縦に似ているでしょうか。セイリングは状況をよく調べて帆を張り、風や海流に乗って進めば目標地点に到達できます。これは経営にも通じることです。私がみずから製品ないし市場について意思決定を下すことはありません。私はそれが下される場を作り出すだけです。自分のことは、庭師、編曲者、雰囲気づくりをする人のようなものだと考えています。

人間は他人の目に自分がどう映るのか、イメージをすごく気にします。ですから人に対して、言葉を並べるだけではあまり意味はありません。重要なことはその言葉が相手の自尊心にどう訴えかけるかです。私は自分の組織から、人を侮辱する行為をなくすべく努力しています。対立でなく侮辱行為は致命的です。あってはならないことです。結局のところ、自分たちで自分たちの首を絞めることになりますからね。たとえば、製造部門とマーケティング部門の間でよく起こることです。これを回避するには部門間の対話が肝要です。これを怠ると企業はつぶれます。マーケティング、エンジニアリング、製造など、部門が違う人は互いに理解しにくいものです。これは、ユダヤ人とアラブ人の関係と似ています。ここで肝心なのは、どのグループも他のグループと尊重し合うことです。私の役割は、部門間が建設的に交流できるよう手助けすることであり、ゼネラル・マネジャーの役割とは、会話を呼び起こすことなのです。

マネジャーの仕事は、部下の行動に影響を与えることであって、けっして放任することではありません。それには部下と密に接することが必要です。私は毎日社内を見回り、部下に会います。普段そんなに忙しくありませんからね。新入社員オリエンテーションにも顔を出し、新人全員と会います。思わぬ事態に対処して部下に手を貸すこともあります。マネジャーを好きになる部下はまずいないので、私はある時は上司として、またある時は遊び仲間のように振る舞います。めったにないことですが、私は解雇にも躊躇はしません。解雇された人にとって最善となる決断へと背中を押してあげたことで感謝されることも多いですよ。要するに、業績低迷を望んでいる者などいない、ということです。

◉パポリスの日常行動

パポリスの日常行動を見れば、仕事への取り組み方が一目瞭然だが、これまたロングのそれとはかなり異なる。パポリスの服装はカジュアルで、スーツにネクタイを着用することは私の訪問中一度もなかった。彼は午前八時半から九時の間に出社し、午後五時から五時半の間に退社した。

パポリスが仕事を家に持ち帰ることはなかった。時にはオフィスから離れてゆっくり昼食をとることもあった。勤務時間は週四〇時間ほどで、これについて彼は次のように述べた。「経営幹部たちは、自分の稼ぎがよいことを後ろめたく思っているようです。それを打ち消すために長時間働いているのだとしたら、まったく馬鹿げています。努力なんて重要ではありません。結果がすべてです」。

受付係から副事業部長に至るまで、だれもがパポリスをファースト・ネームで呼んだ。データトラック事業部の周辺を歩く時、彼は多くの人々に声をかけては冗談を飛ばしていた。

普通の日は、パポリスが部屋に一人でいる時間はほとんどない(一日の約一〇%ほどだ)。その代わりいつも、スケジュールにはないさまざまな会合で人々と話すことに多くの時間を費やした。私が一緒にいた間には、次のようなことがあった。

- 製造担当副事業部長との打ち合わせが三回。他の製造担当マネジャーが加わることもあった(当時データトラック事業部では製造部門での出荷と人事の問題が最大の案件であった)。うち二回はパポリスから持ちかけ、マネジャーたちと問題の原因と対処法を協議した。

- 毎週水曜日午後四時からの経営幹部定例会議に出席。三時間の長丁場で、その間パポリスは何度となくマーケティング担当副事業部長と製造担当副事業部長の対立の仲裁に入った。
- 製造部門の問題を心配しているマーケティング担当副事業部長と二回話し合う。パポリスは、時間をかけてまずは副事業部長を落ち着かせて製造側の視点で物事を考えるように仕向けた。
- 財務担当副事業部長との二回の打ち合わせ。一回は定例の財務報告、もう一回は副事業部長から持ちかけたもので、彼は製造部門の問題に関する考えをパポリスに伝えたがっていた。
- データトラック事業部が開発中の新製品についての会議。出席者は一〇人。会議中、パポリスはほとんど聞く側に回り、二、三の質問をして早めに引き上げた。
- 開発を始めたばかりの新製品に関する会議。出席者は一二人。パポリスは説明を聞いてから質問し、提案されたアイデアに大変興味を持った。
- 人事問題について、人事担当副事業部長から相談を持ちかけられた。
- システム開発担当副事業部長とその二人の部下が新製品の実演説明をするというので会う。パポリスはいくつか質問をした後、仕事の出来栄えを褒めた。
- パポリスから持ちかけた臨時会議。ＩＣ本社に対する製品説明の方法を決めるため、ゼネラル・マネジャー四人と他に二人が出席した。

このようなやり取りは、率直で温かく、ざっくばらんでユーモアに満ちていた（全員がそうであるが、パポリスは際立っていた）。またパポリスは、私が一緒にいる間に電話で副事業部長全員と短く話をし、本社へも三回電話をした。ある日の午前には学区内の高校教師三五〇人を前に講演した。

ロングとパポリスの比較

ロングとパポリスのケースは、今回の調査対象者のなかでは両極端な例ではあるが、行動の相違を生む力学を表している。図表5－1にあるように、一五人のゼネラル・マネジャー全員の行動の相違は、職務上の要求の違いと個人特性の違いの両面から生み出される。

ロングとパポリスのケースでは、彼らを取り巻く状況や彼らに課される要求が異なっていた。事業や組織の規模、事業の成熟度、それにゼネラル・マネジャーの分類上のタイプが異なるためである。二人の相違点はある程度、職務と状況の違いを反映している。パポリスはみずからの意思で現在の状況を作り出し、一方、ロングは入社以来数十年間の業績から「トムが適任だ」と判断した上司によって抜擢された。両者の行動の違いは、職務の違いと個人差に直結する。たとえば、パポリスの型破りな行動（服装、スケジュールを組まない話し合い方、影響の及ぼし方）は、彼の置かれた小規模で形式的ではない人間関係の状況と、彼自身がそういうやり方を好んでいる結果であった。

二人はまったく異なる行動をとるが、共に業績は抜群だった。しかし、パポリスの業績評価が「優秀」であるのに対し、ロングは「かなり良好」とやや下回っていた。このことは、これまではっきりとは取り上げなかった最後の論点、すなわち、行動そのものやその要因の相違と業績の差異との関係につながっていく。

行動、要因ならびに業績の相違

第4章で述べたように、優れた業績をあげるゼネラル・マネジャーの行動と、業績不振のゼネラル・マネジャーのそれには異なる点があった。前者は第4章で見た行動パターンをとる。具体的には、積極的に情報を集め、(競争という観点から)戦略的に長・短期の完全なアジェンダを設定し、強固なネットワーク(優れた人々との良好な関係)を確立していた。アジェンダの実行でも、間接的な影響力の行使を含め広範かつ多様な手法を駆使しつつも、それに多くの時間を割いてはいない(ネットワークが自動的に、また効果的かつ能率的に作用したからだ)。

第3章から推論されるとはいえ、行動の相違を生み出す要因と業績水準との関係について第4章では明示しなかったので、ここで明らかにしよう。一般的に、ゼネラル・マネジャーの能力や性向と職務上の要求との間のギャップないし不適合が大きければ大きいほど、マネジャーの行動は第4章で示した行動パターンから遠のく。つまり、優秀なゼネラル・マネジャーの行動からはますますかけ離れることになり、業績水準も低下していくのである。

このことは、ゼネラル・マネジャーの行動と業績についての重要なことを示唆している。すなわち、高業績をあげるために必要な行動を頭では理解していても、また、その通りに行動したいと望んでいても、そもそもゼネラル・マネジャーが就任時にすでに最低水準の職務要求をクリアできるだけの個人的資質を備えていなければ、何も実行できない、ということだ。ジェラルド・アレンのケースは、この点に関して特に興味深い。

アレンは、調査対象のマネジャーの中で聡明さでは上位二～三人のうちの一人である。彼はMBA取得者でマネジメントに関する豊富な知識を持っており、時には地元の大学でマネジメントを教えることさえあった。アレンは、たいていの場合ゼネラル・マネジャーとして何をすべきか知っていた。しかし行動には移さなかったのである。長期的かつ戦略的なアジェンダ設定に時間を割くべきと知りながら、それをしなかった。また、高業績をあげるのに必要なネットワークも構築しなかった。たとえば、前任者から引き継いだ直属の部下にまったく見込みのないのが一人いたが、アレンは配置転換も解雇もしなかった。さらに、彼はアジェンダの実行に多くの時間を費やし、それも高業績のゼネラル・マネジャーのやり方と違って、間接的な影響力を駆使して人々に仕事を任せるよりは自分でやってしまう場合が多かった。

彼の評価は「良好」だった。劣っているとか明らかに不十分というわけではない。だが、この程度の業績は彼本来の水準を下回るものだった。私がアレンと最後に会って間もなく、彼は（前任者とはまったく異なるタイプの）新しい上司を迎えた。その上司もまた、アレンは彼本来の力を出し切っていないと判断し、アレンを他の部署へと異動させたが、それは、社内では降格と見なされるものだった。

アレンのケースを理解するには、まずは彼の経歴が、図表3－4の「有能なゼネラル・マネジャーの発達過程と職務の適合性」にそぐわないことを認識する必要がある。たとえば、彼が職場として選んだ会社は、彼の価値観や要望とある程度しか適合していない。彼はその組織における典型的なマネジャーの理想像とは明らかに違っていた。このことは見た目にもはっきりしていたし、アレン自身もすぐにそれに気づいた。

アレンはキャリアの早い段階で、スムーズな「成功方程式」に乗れなかった。といっても、早い時期にうまくいかなかったわけではなく、実際はうまくいっていた。しかし、成功方程式の中核部分をなす、自分の地位に関わる知識や対人関係の面での成長という重要な経験をしていなかったのである。とりわけ、社内の経営幹部との間に強い絆を築いていなかった。

一九七五年に前任者が他の事業部へ移動すると、アレンはゼネラル・マネジャー職に昇進した。当時、この前任者に代わる候補者がいなかったのでアレンが指名されたのだ。ゼネラル・マネジャーになることが、アレンに大きな変化をもたらした。それまで監督する部下は一〇人程度だったのが六〇〇人になった。予算についての責任も以前の一〇倍以上である。加えて、当時、社内でも業績が悪く、しかもそれが一〇年以上続いている事業の責任を担うことになった。アレンは、選択の余地はないと感じたが、実際、その通りだった。経営陣の支援や庇護を求めることもしなかった。

これらの事実から判断すると、アレンはゼネラル・マネジャーとしての職務を思い通りに運んでいたわけではないようだ。右も左もわからぬままに就任し、その才能と勤勉さだけで問題を乗り越えたのである。彼が作り上げたネットワークと（業務担当ゼネラル・マネジャーの立場としての彼に）経営陣から課される短期のアジェンダとの相違が大きかったので、彼はそれを埋め合わせながら独力で実行するために大半の時間を使った。アジェンダ設定に時間はかけられず、必要なネットワークを構築するための材料も持ち合わせなかった。自分が何をなすべきかはわかっていたが、そんなことは何の役にも立たなかった。

このケースを見た後、私は不安に思わざるをえなかった――毎年六万人以上のMBA取得者が社会に送り出されることで、いったい何人の「アレン」が生まれているのだろう……。

ゼネラル・マネジャー像　その❹

本調査の対象者が一五人と少数であるため、マネジャーの行動に関して結論を述べることはできないが、一般に言われるところの誤りを確認する一助にはなりうる。たとえば、有能なマネジャーは共通の行動様式をとるという断定はこの調査からはできない。ロング、パポリスらのケースから明らかなように、有能なマネジャーの行動は状況によって異なる。同様に、それとはまったく逆の、有能なマネジャーの行動は状況によるから一般化はできない、という主張も調査データとは異なる。第4章で見たように、ロング、パポリスらゼネラル・マネジャーたちは、多くの点で類似した行動をとっていた。また、彼らの行動の相違点は、図表5－1からも十分予測できる。

ロング、パポリス、アレンのケース、および行動の相違点とその要因から導かれる結論は、さまざまな領域に対して示唆するところ大である。第6章では、本調査の結果を要約し、そこから導かれることを探ろう。

第6章 ゼネラル・マネジャーの業績向上への教訓

Summary, Discussion, and Implications for Increasing GM Performance

調査を振り返って

本書における調査研究は、次の問題提起に従って行われたものである。

❶今日の事業統轄責任者《ゼネラル・マネジャー》の職務とはいかなるものか――中心となる問題点、与えられた課題や要求はどういうものか。状況によってこれらの要求にどのような相違があり、どの程度、またどのような理由から生じるのか。

❷どのような人物が有能なゼネラル・マネジャーになるのか――そうなる動機は何か。どのようなスキルと能力をいかにして獲得したか。なぜ、有能なゼネラル・マネジャーになれたのか。状況によって能力にどの程度の差異が、どの点に、またどのような理由から生じるのか。

❸有能なゼネラル・マネジャーは、具体的に何をしているのか――どのように仕事に取り組んでいるか。一日をどのように過ごしているか。なぜ、そのように行動するのか。その行動が効果的なのはなぜか。状況によって行動にどのような差異が、どの程度、またどのような理由から生じるのか。

現代の組織社会において、このような研究課題は普遍性を持つ。にもかかわらず、若干の例外はあるにせよ、成功したゼネラル・マネジャーに関する体系的かつ詳細な調査を踏まえたうえでこの問題に取り組んだ研究はなかった。それが、本調査に乗り出したきっかけである。

第2章から第5章では、本調査によって明らかとなったゼネラル・マネジャーの各種パターンを提示した。本章では、これらを要約し、ゼネラル・マネジャーの業績向上への教訓を探る。[注1]

◉職務上の要求

本調査のゼネラル・マネジャーに対する職務要求は広範かつ多様であった。彼らの主要な課題は次のようなものである。

❶状況が不確実ななかで、基本目標、方針、戦略を設定する。
❷各事業分野、各職能分野への不足がちな資源の配分に際してうまくバランスを図る。
❸適宜問題に対処できるよう、大規模かつ複雑な諸活動を掌握する。
❹上層部から、職務遂行に必要な情報、協力、支援を取りつける。
❺本社スタッフ、関連部門、関連事業部や重要な外部グループ（労働組合や大口顧客など）から協力を取りつける。
❻多くの部下たちのモチベーションを高め、管理する。

このように多くの課題について、ゼネラル・マネジャーが解決策を見出し、実行するうえで大きな壁にぶつかる。不確定要素が多いなか、これら多様な案件に関する膨大な情報を前に意思決定をすることは困難を極め、また、多くの関係者を管理できなければ実行もおぼつかない。

これらの課題はゼネラル・マネジャーという職務ならびに事業と企業の置かれた状況の性質から生じていた。職務については、ゼネラル・マネジャーは短期・中期・長期に及ぶ多数の課題に責任を負う。具体的には、次のようなものである。

- 進出する事業を決定し、主要資源を確保するために、組織の基本目標、戦略、実行の優先順位を設定する。
- 長期目標を達成するために、単一ないし複数の事業に資源を効果的に配分する。
- 人的・財務的・物的資源の能率的な活用と、それに伴う何らかの利益に対する責任を負う。

さらに、ゼネラル・マネジャーの職務では、ネットワークの中で上司、同僚、社外の人々、部下に、程度の差はあれ頼らざるをえない。ゼネラル・マネジャーは一般に一人の上司あるいは取締役会に直属し、多様な部下集団に対して何らかの権限が付与される。そのほか直属ではないにもかかわらず、社内（本社スタッフなど）や社外（主要なサプライヤーなど）の人々にも頼らなければならない。

こうした責任や対人関係が織り込まれている事業や組織は実に複雑だった。というのも、そこに含まれる関係者、製品、市場、技術、国があまりに多く、しかも不確定要素が多かったからである。職務の性質とこのような状況要因とが相乗的に作用して、複雑な職務上の課題が生じ、ゼネラル・マネジャーは意思決定が困難となり、実行段階で深刻な問題に直面していた（図表２－１、図表２－２参照）。

調査した状況と職務自体が異なるため、こうした相乗作用はゼネラル・マネジャーに対する要求に多くの点で違いをもたらしていた（図表２－３参照）。たとえば、短期・中期・長期に及ぶ問題の種類やその重要項目はゼネラル・マネジャーごとに違っていた。またゼネラル・マネジャーが、（人数、職種、組織上の関係から見て）どのような人々と、何のために仕事をしているかについても相当な差があった。職務要求の性質や範囲は、あらゆる点でかなり違っていた。

今日、ゼネラル・マネジャーは少なくとも七タイプあり、それぞれが責任や対人関係において特徴を持つ（図表２－４参照）。事業部制企業のＣＥＯと独立事業部の部長との区別などはよく知られているが、その他についてはあまり知られていない。しかし、各タイプの職務にはそれぞれ異なる要求がある。本調査では、調査対象ごとに、事業の規模や操業年数、業績水準、製品・市場の多様性、組織文化などの違いが大きく（図表２－５参照）、それに伴う職務上の要求にもまた著しい違いが見られた。ゼネラル・マネジャーは、一見同じような状況にあっても、実はそれぞれ異なる問題を抱えていたのである。

職務上の要求の多様性と重要性はこの半世紀にわたって確実に増大した。現代企業は事業の多角化、製品・市場の多様化とグローバル化、技術の高度化を続けている。そしてこのことが、次のような状況を生み出している。

- 多様なタイプのゼネラル・マネジャーの必要性
- ゼネラル・マネジャーの置かれた環境の格差の拡大
- ゼネラル・マネジャーの職務に対する要求の規模と範囲の増大
- ゼネラル・マネジャーの職務に対する要求の多様化

この傾向（図表2－6参照）が今後も続くとすれば、いかに経験豊富で有能なゼネラル・マネジャーでも音をあげてしまうような、厳しい要求が彼らに突きつけられる時代が来るかもしれない。ゼネラル・マネジャーの職務の類似点よりも相違点がますます目立つ時代が来るのは避けられまい。

有能なゼネラル・マネジャーの個人特性

本調査の対象者はゼネラル・マネジャーであり、全員がその職務を全うしていた。それ以外では、違いのある対象者を選定したにもかかわらず、多くの共通点が判明した。その特徴は、向上心、達成志向、権力志向、情緒的安定、楽観的、平均以上の知能と分析力、強力な直観力、人柄のよさ、優れたコミュニケーション力、さまざまな事業スペシャリストとの交流などである。また、事業と組織に関する豊富な知識を有し、社内はもちろん業界内でさまざまな人々と良好な関係を築いていた（図表3－1参照）。

これらの共通特性が、ゼネラル・マネジャーに対するあらゆる要求の根本的な共通点と関連があるという事実は興味深い。ゼネラル・マネジャーが多くの点で互いに類似しているのは、彼らの職務には先述のような特性が同じように要求されるからである（図表3－2参照）。そのため、ゼネラル・マネジャーたちは、職務に伴う困難な意思決定や実行に対処する能力を備えたと考えられる。これらの個人特性が、ある意味でゼネラル・マネジャーの職務そのものと適合していたため、彼らは生き残り、成功をおさめることができたといえよう。

一方、ゼネラル・マネジャーの相違点の多くは、職務に関連している。たとえば、保守的かリベラルか、身長が高いか低いか、若いか年長か、などのほかにも、他の人たちより明らかに聡明である人もいれば、カリスマ的な人もいた。極端な例では、共通点より相違点のほうが大きいこともあった。とはいえ、これら相違点にさえ一定のパターンが存在したのである。それは、職務上の要求の違いからきていることが多かった（図表3－5参照）。

換言すれば、これらの人々が難しい職務でも効果をあげることができたのは、少なくとも彼らが、それぞれの状況に応じて課される要求に適合する資質を備えていたからであろう。したがって、経営幹部として成功した彼らが、自身を何でも管理できる「ゼネラリスト」と見なしがちだとしても、実際のところ、彼らはみな完全に「スペシャリスト」なのである。

さらに重要なことは、どの人も個人特性と職務がピタリとくるまでにはかなりの時間がかかったことである。個人特性は、困難な職務要求をこなすうえで、さらには自分に適合した職務を得るうえでも役立つという重要な役割を果しており、それは生涯にわたって発達したものなのである。

典型的なゼネラル・マネジャーは中流階級の上昇志向の家庭で兄弟と共に育った。彼らは成人するまで両親と同居していた。両親は高等教育を受けており、父親はビジネスマン、あるいは、ビジネス以外の世界でマネジャーを務めていた。両親（もしくは一方の親）とはおしなべて良好な関係にあった。高校や大学ではリーダーを務め、大学ないし大学院では経営学か実業関連分野を専攻した。卒業後すぐに、一つの業界もしくは会社に就職し、そこに腰を落ち着けている。一つ（ないしは二つ）の職能分野で昇進を重ね、二、三年ごとに新しい職務に変わっては成功をおさめ、三〇代の終わり頃にゼネラル・マネジャーに就任した（図表3－3参照）。

この発達過程パターンはゼネラル・マネジャー共通の資質と密接に結びついている（図表3－4参照）。たとえば、彼らが事業や組織について持っている知識、ならびに社内と業界内の人的ネットワークは、同じ会社、同じ業界に長い間属していたという経歴パターンの一側面に由来している。彼らは会社を転々としながらマネジャーとしての昇進を重ねたのではない。事実、ゼネラル・マネジャーは、キャリアの九一％を（広義に見て）現在と同じ業界、八一％を現在の会社で過ごしている。

このように、ゼネラル・マネジャーに不可欠な資質を備えるまでには長い時間がかかる。成功者は「一夜にしてならず」だし、生まれながらのものでもない。何年もかけて発達してきたものである。このパターンは本調査のゼネラル・マネジャー全員に当てはまるが、なかでも最も優れた業績をあげている人ほど寸分たがわず当てはまる。

◉──有能なゼネラル・マネジャーの行動の共通点

職務上の難しい要求に対処するために、有能なゼネラル・マネジャーは自分の資質をどう活用したか──その答えは、事業に対するアジェンダ、および組織内（および業界内）のネットワークの創出にある。本調査のゼネラル・マネジャーは要求に応えるのに十分な個人特性を備え、ほぼ全員が同じような方法で仕事に取り組んだ。就任してすぐに、事業や組織に関する最新知識、重要な人々との関係、生来の知能や対人関係能力、その他みずからの資質をフル活用して複雑な要求に応えようとし、自分の責任を果たすためのアジェンダを作り始めた。

彼らは継続的かつ漸進的な独自の方法で、質問を重ねながら目標と計画が緩やかに結びついたアジェンダを作り出したが、その多くは文書化されていない（図表4－2参照）。

初めの数カ月間はこれと並行して自身の資質を活用し、組織の上下内外を問わず、アジェンダの実行において頼るべき人々とのネットワークを柔軟かつ継続的に多様な方法を使って構築した（図表4－4参照）。半年から一年が経つにつれ、ネットワークを活用したアジェンダの実行に多くの時間を費やすようになった（図表4－5参照）。

これら有能なゼネラル・マネジャーは、公式の経営計画や組織図に従うのでなく、独自の方法を使って、より継続的かつ念入りに複雑な諸課題に対処していた。それがアジェンダとネットワークである。

アジェンダは経営計画と矛盾するものではないが、その枠組みが長期にわたる傾向があり、数字で表すかたちでなく、むしろ戦略的な意味合いが大きい。また、通常は人に関する案件が多く、やや厳密さや合理性、論理性に欠け、単純であるという特徴があった（図表4－1参照）。

ネットワークも、公式の組織機構と矛盾するわけではないが似て非なるものである。ネットワークを構成する人々は社内外を問わず、また組織上の関係に留まらない。ゼネラル・マネジャーと協力関係にあり、特に部下同士の間にも協力的な――少なくともゼネラル・マネジャーのアジェンダに対して協力的な――形にとらわれない関係が存在する（図表4－3参照）。

こうした取り組み方は、ゼネラル・マネジャーの日常的な時間の使い方におのずと表れる。たとえば典型的な一日を見ると、彼らは大半の時間だれかと多種多様な問題について話し合っている。その場合、ゼネラル・マネジャーは多くの質問をするが、途中で重大な意思決定をするようなことはない。冗談や仕事に関係のない話が大半を占めることもしばしばある。命令することは少ないが、影響力を与えようとはしている。あらかじめスケジュールを詳細に決めることをせず、とりとめのない短い会話が特徴である。

一週間のうち約六〇時間をこのように過ごしていたが、それはプロフェッショナルらしからぬものであり、むしろ非能率的で経験と勘に頼っているように見えた。しかし、彼らの仕事への取り組み方を注意深く観察してみると、それが彼らに対する要求とゼネラル・マネジャーの個人特性から必然的に派生したものであることが理解できる。そして、彼らがそのように行動する理由と、それが有効である理由もわかる（図表４－９参照）。

有能なゼネラル・マネジャーの仕事への取り組み方は、当然のことながら職務に固有の難問や課題から直接来ているものである（図表４－６参照）。たとえば、重大な課題の一つは、部下、部下の部下、上司のほかに、直属ではないスタッフや社外の人々を含む多種多様の人々を通じて職務を遂行することである。それゆえ彼らは、さまざまな職種の人々を念頭に置いて、人員配置や組織作りに取り組まなければならない。その際、会社が規定する組織機構、選抜制度、報酬制度ではなく、独自の戦略や戦術に依拠せざるをえない。ゼネラル・マネジャーたちが積極的にその手段をとることができたのは、彼らの対人関係能力やモチベーション、性格、知識、コミュニケーション力のおかげである。

同様に、彼らの日常行動は、仕事への取り組み方が職務や個人の特性と相まって生み出されたものである（図表４－７、図表４－８参照）。概してそれは、ネットワークの構築と活用に集中しているので、彼らが勤務時間のほとんどを人々との会話に費やすのも当然であろう。最初はそうとわからなくても、こうした環境では、短くてとりとめのない会話を頻繁に交すようなパターンさえ、もっともなことだし、能率的かつ効果的であるとわかる。

有能なゼネラル・マネジャーの行動の相違点

もちろん、すべてのゼネラル・マネジャーが同じように行動しているわけではない。仕事への取り組み方と毎日の行動パターンを見ると、各人の違いが観察された。同じように有能なゼネラル・マネジャーの間に、行動の相違点が存在するという事実に気づいた人々は困惑する。まったく異なる行動スタイルのゼネラル・マネジャー二人が、なぜ共に優秀な成績をおさめることができるかが理解できないからだ。だが、各マネジャーの職務はそれぞれ特化していることを理解すれば、行動の相違は予測できるはずである（図表5－1参照）。

職務への要求は、各ゼネラル・マネジャーの個人特性によって異なり、彼らの行動もおのずと異なる。職務要求の差が大きければ大きいほど、個人特性と行動の差も大きくなる。たとえば、大規模な組織のゼネラル・マネジャーは、就任するとすぐ人々との協力関係を広げ、仕事に取り組む過程でより大きなネットワークを構築して活用し、日常的に人々と話し合う場を設定して対話に多くの時間を費やす傾向がある。

これらの相違点を生み出す要因は共通点のそれと同じである。それは次のように要約できる。

❶ゼネラル・マネジャーの行動は、職務特性および個人特性によって形成される。これら二つのいずれか一方しか明らかにならない場合、ゼネラル・マネジャーの仕事への取り組み方も日常行動も正確には予測できない。

❷ゼネラル・マネジャーは、職務要求に応じて選抜される。就任後、今度は職務要求に応じて行動する。そのため、職務要求の決定要因、つまり、職種（より正確には責任と対人関係）、事業規模、

製品と市場の成熟度、業績水準などが行動にも影響を及ぼす。
❸何ができるのか、何をしたいのかは個人特性によって決まるので、当然、それが行動に影響を及ぼす。主要な個人特性には、仕事に対するモチベーション、気質、知識や人間への適応性といった個性の要因と、事業に関して蓄積してきた知識や対人関係が含まれる。
❹個人特性と職務特性には多様な要因が絡み合うため、アジェンダ設定やネットワーク構築に及ぼすその影響は単純かつ機械的には計れない。しかし、次の二点はほぼ当てはまる。a．責任の質とそれに伴う要求、事業や組織に関する知識、個人の知能などが、アジェンダ設定とそのプロセスに強力な影響を与える、b．職務上の人間関係の質とそれに伴う要求、個人がすでに持っている人間関係などが、ネットワークの構築とそのプロセスに強力な影響を与える。
❺就任後しばらく経っても、ゼネラル・マネジャーの行動は、アジェンダとネットワークに依拠する。アジェンダは、ゼネラル・マネジャーの仕事の内容（日々の行動内容）に影響し、ネットワークは、仕事のやり方（プロセス）に影響を及ぼす。たとえば、a．ネットワークが広がるほどゼネラル・マネジャーが一人で過ごす時間は短くなる、b．アジェンダに含まれる長期的課題（生産関連であれ何であれ）の数が多いほど、それに集中する時間が多くなる。

以上の要因は、複雑ではあるものの理解できるはずである。

ゼネラル・マネジャーの全体像

本調査に参加したゼネラル・マネジャー一五人は、みずからをプロフェッショナル・マネジャーと考えている。その多くがMBAを取得し、一五人全員がマネジメントに関する正規の教育を受けていた。しかし、おそらく本調査から明らかとなった最も基本的な事実をただ一つ挙げるとすれば、有能なゼネラル・マネジャーの核心となる要素――どういう人たちなのか、どのような行動をするのか、なぜそのような行動をとるのか――は、今日我々が想像する「プロフェッショナル・マネジャー」像とはかけ離れているということである（図表6－1参照）。

最近、プロフェッショナル・マネジャーについて、「マネジメントという職業」と題したある雑誌の記事で次のような解釈が紹介された。

アメリカにおけるプロフェッショナル・マネジャーは、業界のざわめきを超越した存在であり、汚れや騒音、人や製品の不合理な動きから離れたところにいる。身だしなみがよく、秘書もてきぱきと気がきく。オフィスは同じ立場の人々のそれと同じように清潔で静寂で落ち着いている。冷静かつ論理的に、感情を抑えて果断に、大事業の計画、組織化、統制をする。コンピュータで打ち出された財務諸表を眺めて子会社の売却や買収を考え、それぞれの状況に規則全体を適用しながら社員を監督し、やる気にさせるための制度を導入する。彼らの言動を象徴するものは、財務、法律、会計、心理学である。どんなに新しく処方しても巧みに形を変えて、見事にあれこれ盗み取ってしまう。

プロフェッショナル・マネジャーはまさに抽出することが仕事なのだ。それゆえ人と資本をうまく操りながら会社から会社へと難なく渡り歩けるのである。一社に忠誠を誓うことなどせず、機関投資家が喜びそうな短期利益を確実にあげてはすぐさま次の組織に移り、再建の名手という名をほしいままにする。[注2]

ゼネラル・マネジャーがこの記事を読めば、まったく馬鹿げていて有能なマネジメントとはまったく関係ないと憤慨するであろう。それにもかかわらず、今日なおもこのようなイメージがまかり通っている。ビジネススクール、経営関連学会、経営に関する書籍と雑誌、経営コンサルティング会社はいずれも、少なくともこのような考えを基盤にしている。これらの人々は、経営の手法、概念、理論について、どこでも通用する知識を最重視するからである。

本調査結果が示唆するところによれば、このような知識も重要ではあるが、有能なゼネラル・マネジャーの行動には、それより重要な「何か」が深く関わっている。まず、仕事に対する意欲、性格、対人関係などの個人特性がある。また、この世に生を受けてからのさまざまな経験も、さらには専門性、忠誠心、個々の環境との適合性も、そして複雑かつ微妙で形式にとらわれない行動も重要であろう。今日のゼネラル・マネジャーの職務の性質上、これらすべてが最重視すべきものなのだ。

本調査での発見事実
•重要な個人特性は、向上心、目標達成志向、情緒的安定と楽観主義、ある種の認識力と対人関係能力、担当する事業や組織についての詳細な知識、およびその事業や組織内の人々との協力的関係などである。
•これらの個人特性は、いくぶん特化される。
•これらの個人特性は、生涯（幼少期、学校教育、初期の職歴）を通じて開発される。
•就任当初、彼らはみずからの個人的資質を活用してアジェンダを設定し、職務上あるいはアジェンダの性質上、依存せざるをえないすべての人々との協力的なネットワークを構築する。そのプロセスは、継続的かつ漸進的で非公式なもので、多数の細かな手法が活用される。6～12カ月後、彼らはより多くの時間を実行にかけ始める。この段階では、ネットワークの構成員にアジェンダの実行に協力するよう直接的・間接的に働きかける。
•彼らは同僚、社外の人々、上司、部下などとの接触に大半の時間を費やす。彼らとは、事前に細かく計画されてはいない短い、とりとめのない会話を通じて広範な話題を語り合う。その際、ゼネラル・マネジャーは、多数の質問をするが、命令を下すことはめったにない。
•状況が異なれば、彼らの日常行動には大きな違いが出る。
•プロフェッショナル・マネジャーの仕事には次の2つのことが必要である。 ①状況が不確実で多様であり、関連情報が大量にあるなか、明確な意思決定をしなければならない。 ②大半が直接の指揮下にはない人々を通じて職務を遂行しなければならない。
•複雑な要求に適合した個人特性を備えている。

図表6-1◉**プロフェッショナル・マネジャーについての2つの見解**

主な論点		通念的な見方
(I)プロフェッショナル・マネジャーとはどのような人物か。	•(職務遂行上役立つ)個人特性は、主にどのようなものか。	•知能、分析力、およびマネジメントの手法・概念・理論等についての知識がカギとなる。
	•これらの個人特性はどの程度普遍性があるか。あるいは、特定の状況に限定されるものか。	•これらの個人特性は、適用範囲が広い。
	•これらの個人特性はどのようにして形成されるか。	•これらの個人特性は、成人してから正規の訓練手段によって開発される。
(II)彼らはいったいどういう行動をとっているのか。	•彼らはどのように職務に取り組んでいるか。	•彼らは、正式な経営計画を立て、計画の実施に携わる部下を組織に組み入れ、計画が実行されるよう、正式なコントロール・システムや報酬制度を活用する。
	•彼らの日常行動は、どのようなものか。	•彼らはオフィスにどっかりと腰を下ろし、書類に目を通し、データを分析し、決定を下し、部下に指示を与える。
	•状況が異なると、日常行動はどのように違ってくるか。	•状況が異なっても、彼らの日常行動にはほとんど差がない。
(III)なぜ、彼らはそのような行動をとるのか。	•なぜ、このような行動パターンが見出されるのか。	•この問いに対して通念的な見方では明白な回答を得られず。
(IV)業績に差が生じるのはなぜか。	•優秀な業績をあげるカギは何か。	•優れた訓練、経営学の最新の進展についての知識、知性、分析力。

ゼネラル・マネジャー育成への教訓

ゼネラル・マネジャーの選抜、能力開発、配置についても、本調査から多くの教訓を得た。その最重要ポイントをここで明らかにしたい。

●ゼネラル・マネジャーの選抜――社内抜擢か、外部登用か

経営者人材のヘッド・ハンティングがブームだが、[注3]「経営幹部斡旋コンサルタント協会」の一九七八年の年報によれば、この年、最も求人依頼が多かった職位はゼネラル・マネジャーであった。少なくとも求人の二五％がゼネラル・マネジャーだ。しかし、我々の調査によれば、ゼネラル・マネジャーを社外から招くことは危険である。社外から登用した人は、才能に恵まれた輝かしいキャリアの持ち主であるかもしれないが、職務遂行に不可欠な条件をいくつも備えている人などめったにいない。特に、その事業や組織に関する詳細な知識や、職務遂行上必要な、大勢の人々との良好で強固な関係を持っているとは限らない。優秀な人材はいざとなれば、職務を全うするに十分な事業知識や対人関係をすぐに習得することもありえないわけではないが、事はそう簡単ではない。[注4]

本調査のゼネラル・マネジャー一五人（彼らは平均的なゼネラル・マネジャーの業績を上回っていた）のうち、だれ一人として社外から現職に登用された者はいない。しかし、フィローノだけは、前職の時に社外からゼネラル・マネジャーに登用された。彼のケースは、この問題点を明らかにする好例である。彼は前職のゼネラル・マネジャーだった時、何らかの代替案を分析する時間がなかったため、彼自身が認めるように、戦略上の失敗を犯してしまった。さらに、全体的によくは知らない人々からの抵抗を受けて、アジェンダの実行でも困難に直面した。業績評価が「良好」程度に留まった、失敗ともいえる一年半の後、現在のゼネラル・マネジャーへとそのまま横滑りで配置転換されたのである。

もちろん、ゼネラル・マネジャーを社外から登用してはならないと言っているわけではない。ここでの教訓は、次のような状況に限定して社外登用をすべきだということである。

- 重要な対人関係や知識が、たとえば六カ月という短期間で開発できる状況（成熟産業における小規模な事業部など）
- 主要な対人関係や知識の多くが別の組織へ移転可能な状況（成熟産業で、すべての事業が似通っており、また顧客やサプライヤーなど主要な人間関係がすべて社外にある場合）
- （事業再建のように）状況の悪化から、あえて危険に挑戦せざるをえない場合

幹部候補を社内で発掘することの重要性にすでに気づいている企業もある。[注5] しかし、この戦略を順調

に進めるには、初歩的な仕事以上のことができ、一〇～二五年を経て経営幹部のポストに就く可能性のある若いマネジャーを新規採用するという方針が必要だ。さらに、将来有望な事業を予測できる優れた事業計画、将来必要なマネジャーのタイプを知るための事業計画と人事計画の連携、確実に幹部候補となりうる学卒者やMBA取得者を発掘する活動も要請されよう。先進企業の多くはこれらすべての活動でそれなりの成果をあげているが、[注6]大半の企業はそれにはほど遠い状態にある。

ゼネラル・マネジャーの能力開発

高度の潜在能力を持つ若手幹部候補を採用したら、体系的に能力を開発していかなければならない。第3章で明らかにしたように、我々はこれを「成功方程式」と呼ぶ。成功方程式の重要な一側面は、成長に関連している。最も有能なゼネラル・マネジャーのキャリアには、人との接し方、知的能力、事業や組織についての知識、他者との関係などの面でたえず成長を重ねてきたという特徴がある。自分を成長させる余地のないような職務に長期間就いて足踏みさせられるようなことはなかったし、逆に目まぐるしく変化して学習や職務遂行ができない職位に頻繁に異動させられることもきわめて少なかった。要するに、時宜にかなった昇進をしてきたのである。

ゼネラル・マネジャーの昇進のスピードは速すぎても遅すぎても深刻な問題を引き起こす。有能な人材にとっては前者のほうがより大きな悩みの種となろう。実際、本調査におけるゼネラル・マネジャーのうちの二人は、昇進が速すぎたことに苦しんでいた。キャリアの節目ごとに必要なことを学び取る間もなく、また必要とされる人間関係を作り出す間もなく、多くの責任や新たな責任が課せられた。この二人は、ストレスを感じながら長時間勤務したが、結局、業績は低下する一方だった。

遅すぎる昇進もまた、キャリアの障害となる。昇進が遅すぎるといつまで経っても目標とする職位にたどり着けない可能性が高い。本調査におけるゼネラル・マネジャーは一人を除く全員が、四〇歳前にはゼネラル・マネジャーに昇進していたことを想起されたい。

ゼネラル・マネジャーの出世のスピードを調節するのは重要であると同時に困難でもある。短期的事業や人事の問題から、速すぎる昇進や遅すぎる昇進が決定する。ゼネラル・マネジャー自身も出世を急いでしまうことがある。この問題に気づかないか、どの「スピードメーター」を見ればよいかがわからないのであろう。一定期間の昇進や昇給の回数も、担当した職能分野や受講した訓練プログラムの数も目安にはならない。測定がより困難なもの、つまり、人との接し方や知的能力、事業や組織についての知識、対人関係の妥当性などでどれくらい成長できたかがスピードメーターになりうるのである。

たとえば、本調査で業績が「優秀」と評価された二人のうちの一人、ポーリンは入社後一〇年間、本社スタッフとして三つの職務を中心に過ごした。一〇年経っても部下は二、三人だけで、ライン業務や事業部での経験もなく、昇進はたった一度だけだった。信じがたいほどゆっくりと出世していったわけだが、成長という観点から見れば（速すぎないという意味で）ちょうどいい速さだった。この間、会社とすべての事業部について多くを学んだ。社長ならびに経営陣との関係を進展させ、与えられた課題は自分の能力を伸ばしてくれた。

一見ゆっくりとした出世でも、実際には速すぎるということもある。かつてある若いマネジャーが私に、出世が行き詰まったと不平を語ったことがある。彼は六年の間昇進していなかった。つまりジョブ・ローテーション計画の一環としてこの間に三度も職務が変わり、そのつど社内の別の事業部へ横滑りしたのである。各事業部はすべて異なる業界に属し、うち一つは売上高が年六〇％も成長していた。彼はそれでもなお、別の事業部で昇進させてくれるよう上層部を説得していた。このままでは、四〇歳前に体を壊してしまうに違いない。

訓練プログラムの作成

訓練プログラムと、有能なゼネラル・マネジャーを育成するうえでそのプログラムが果たす役割について最も重要なことは、導入前にその内容をよく調べることである。少なくとも本調査からは、大学が提供する長期のエグゼクティブ向けプログラムのいくつかを除いて、訓練プログラムが一五人のゼネラル・マネジャーの能力開発にとって有効であるという証拠は見られなかった。

社内外のこうした訓練プログラムは、そもそもゼネラル・マネジャーを目指す人にとっては適さない。最近流行の「時間管理プログラム」はその好例である。このプログラムはマネジャーの職務を単純にとらえすぎているため、仕事上関係のない人や話題で日常業務が中断させられないように自己訓練させる。

したがって、人々との短いとりとめのない会話は無駄であるという。それは、本調査で明らかとなった有能なゼネラル・マネジャーの行動とは異なることを指導しているにほかならない。

訓練プログラムがゼネラル・マネジャーの能力開発に役立たないと言っているのではない。ある程度は有効でも、その役割には限界があるということだ。大学でのプログラムの活用法は後述する。社内訓練プログラムでも、次のような目的を持つのであれば成果が期待できよう。

- 研修参加者に、一般知識や、職場では学びにくいその会社や事業の情報を習得させる。
- 研修参加者に、仕事上将来的に協力してくれる人々との良好な関係と、日常業務からだけでは得がたい人脈を開拓させる。
- 研修参加者に、自己啓発や自己管理をして能力に適した職位に就けるよう、体系的に考えさせる。

◉人と職務の適合

本調査からも明らかなように、ゼネラル・マネジャーに限らず組織における人事選考には、個人特性と職務との適合性を見なければならない。リチャード・パポリスが語った言葉は大いに的を射ている。

自分に向かない仕事をやり遂げるには、たえず余分なエネルギーを使わなければなりません。いわば、自然の流れに逆らっているわけですからね。目一杯努力しなければなりませんから非能率的です。おまけに要求がきついと、いくらやる気があっても疲れ果てて失敗の憂き目に遭いかねません。失敗で傷つく人は大勢いますよ。その仕事が思い通りに運ばなければ関係者にも害が及びます。この仕事は自分に向いていないということをまず本人が理解しなければ、自尊心が傷つき、そのダメージは計り知れません。

最近になってようやく、環境が異なれば必要とされるゼネラル・マネジャーのタイプも異なるという認識が企業に芽生え始めた。注7 とはいえ、本調査の対象企業ではまだそのような考えはなかった。調査対象者のなかで少なくとも二人は、ゼネラル・マネジャーの仕事内容が自分に向かず、そのため十分な業績をあげることができなくて、苦労したこともあったようである。

本調査によれば、ゼネラル・マネジャーの職務内容、事業と組織の性質次第では、まったく別のタイプのゼネラル・マネジャーが担当したほうがうまくいくということがわかった。たとえば、新規事業か既存事業か、小規模か大規模か、業績が順調か低迷しているかなど、条件によって必要とされるゼネラル・マネジャーのタイプは異なってくる。

適材適所というのは、職務内容に適合した人物を選抜することではない。むしろ重要なのは、候補者の個人特性に職務内容を適合させるという発想だ。それには、個人特性や経験に適合するよう経営幹部を再編成する、あるいは、大規模事業部を分割してできた新事業部のトップの仕事を減らし、人材配置を調整する、また事業統合や多角化戦略の見直しで事業部トップの職務を簡素化するといった方法が考えられよう。たとえば、アメリカのコングロマリットの大半が業績低迷[注8]にあえぐ元凶は、どんなに人がいても扱いきれないような多大な要求が課されるＣＥＯ職を創り出している多角化戦略にあるのではないかと私には思えてならない。

ゼネラル・マネジャーの管理への教訓

ゼネラル・マネジャーに職務遂行を効果的に行わせるには、選抜、能力開発、配置以外の面でも十分な管理が必要である。それができなければ、短期的に「良好」ないし「優秀」という業績評価とは程遠い行動を彼らにとらせるばかりか、成功方程式を見落とし、得がたい人材を無駄にしてしまう。

◉新任ゼネラル・マネジャーの仕事のスピードを上げさせる

ゼネラル・マネジャーの管理は、まずは新任した際のアジェンダ設定やネットワーク構築のスピードを上げさせ、彼らの関心が他に向かないようにすることから始まる。就任後しばらくの間、彼らは情報の収集、人間関係の構築、責任分野に対する基本方針の設定、担当組織の編成にかなりの時間をかける。

就任後三カ月から半年の間は、上司が特別な課題の達成や自分が抱えているプロジェクトへの協力を求めることは、アジェンダの設定やネットワーク構築への彼らの関心を削ぎ逆効果になりかねない。この段階では、彼らが手の回らないような問題を見つけて、積極的に手助けすることが有効である。

彼らが直面する問題は想定内のものが多い。たとえば、（製造業でよくあることだが）ある職能分野で昇進を重ね独立事業部のゼネラル・マネジャーの立場に転じた人は、他の職能分野に関する詳細な知識が欠如しているため、着任当初はアジェンダ設定で深刻な問題に直面する。それに対して、（専門職組織にありがちだが）それまでのキャリアで専門職、スタッフ、アシスタント等を務めてからゼネラル・マネジャーに昇進した人が突然数百～数千の部下を抱えると、ネットワーク構築で行き詰まるであろう。昇進先にまるごと移せるような人間関係は多くはないし、大規模なネットワークの構築にも不慣れである。どちらの場合も、上司がコーチとなって、ゼネラル・マネジャーにスピードを落とさず仕事を進める方法を伝授することは可能であろう。

経営計画と業績評価の役割

経営計画と業績評価制度は、業務の遂行を助けることもあれば妨げることもある。とりわけ大企業ではゼネラル・マネジャーの成否を左右する手段となっている。

第4章で示したように、優れた経営計画は、ゼネラル・マネジャーのしかるべきアジェンダ設定とそれを実行するための強力なネットワーク構築に役立つものである。財務、製品・市場、組織について長期と短期の戦略的思考を促し、ネットワーク構築に活用できる柔軟なものでなければならない。また、仕事の内容に適した職場環境づくりにも活用できるだけの自由度と選択肢も必要である。

この一〇年間に本調査を含めて私が観察した企業の経営計画は、残念ながらそれとはまったく異なる。ゼネラル・マネジャーに数値目標の縛りを課し、アジェンダ設定の際の戦略思考をないがしろにし、人々の間に無用な対立を生み、ネットワークの構築や維持を必要以上に困難にするものばかりだった。これでは、一〇〇ページや一〇〇〇ページにも及ぶ計画書より、一～五ページ程度の事業戦略書を提出させるほうが有益というものだ。[注9]

同様に、よい業績評価制度とは、ゼネラル・マネジャーの目を業務全般に行き渡らせ、あらゆる面でバランスをとるのに役立ち、彼らのネットワークづくりを促進するような柔軟な手段でなければ意味がない（第3章参照）。残念なことに、本調査の対象企業で実際行われている業績評価は、このいずれの面から見ても失格である。短期の数字だけで評価するため、バランスのとれた仕事がやりにくくなるし、人々の間もぎくしゃくして部下同士のネットワークを作りにくくしてしまう。

互いの相違点を許容させる

ゼネラル・マネジャーを管理するうえで重要なのは、特に大規模かつ多角的な組織では、個々のゼネラル・マネジャーが、異なった状況で異なった行動をとることを許容し合う（さらには奨励し合う）ように仕向けることである。

多くの理由から、あらゆる組織には同調や均一性、標準化を強いる圧力が生じる。会社生活というもののこうした現実が必ずしも悪いとはいえないが、個々の状況が異なるのに同じ行動をさせようとすれば、重大な問題を引き起こさないわけがない。

第5章で、ゼネラル・マネジャーの置かれた状況が異なれば、職務への取り組み方や日常行動にある程度の相違が生じるという事実を示した。この点に関して、本調査のゼネラル・マネジャーのうち少なくとも二人は適切に管理されていたとはいえない。二人とも中核事業とは異なる事業を管轄していたにもかかわらず、その差異を勘案してもらえなかった。それは一見、取るに足りないことのようだが、実は他のゼネラル・マネジャーと同一の行動をとらせるという大きなプレッシャーを彼らに与えていた。二人はこうしたプレッシャーを不当であると感じ、撥ね除けようとしたが、ほとんどうまくいかず個人的犠牲も大きかった。私は過去一〇年間に似たような状況を何度も見てきた。

同様の問題は年齢差によっても生じる。第3章で見たように、過去四半世紀の社会の変化を反映して、若手のゼネラル・マネジャーの人物像は年長者のそれとは異なる。こうした特有の差異に気づかない企業は若手の管理を誤る。[注10] 本調査の対象企業のうち、これに気づいていたのはわずか数社であった。

◉「何でもできます症候群」を最小限に抑える

本調査のゼネラル・マネジャーは二〇〜三〇年間も高業績を続けてきた成功者であるため、「私は何だってできる」という態度をとりがちである。本書で指摘した通り、自身の強みと弱みについて尋ねると、彼らの多くは驚くべきことに明確な答えを返せなかった。周囲の人々とのインタビュー、観察、質問票への答えなどから私が確認した事実と符合する回答をしたのは一五人中わずか二人だけであった。

さらに、将来について質問すると、ほとんどの人が、自分たちはどんなことでもうまく管理できるという趣旨の回答をした。現在の職務とはかけ離れた部署への異動を深刻に悩んでいたのは一人だけで、他の人々は、仮にそうなっても問題はないという。同業他社への転職を念頭に置いていた人もいるし、別の業界であってもうまく切り抜けられる自信を持っている人もいた。だれもが自分の能力、知識、対人関係が実のところいかに特化したものであるかを認識しているようには見受けられなかった。

このようなキャリアに関する問題を「何でもできます症候群」とでも呼ぶなら、これには二つの奇妙な特徴がある。第一に、強者や成功者がかかりやすい。幾度となく失敗を重ねてきた人は、自分一人でできることの限界を知っている。ある意味、失敗によって初めてこの問題に免疫ができるといえよう。第二に、この病は目に見えないし当人に重大な問題を引き起こしはしない。自分に適さない環境で何かをなそうと決断した時に初めて症状が表れるが、時すでに遅しで致命傷になっているかもしれない。

私の教え子たちにも、同様の問題が観察できる。特に、最優秀の学生に顕著に表れる。成績がオールA、文武両道で数々の賞を受け奨学金を得るような学生は、自分がどういう人間なのか、何が得意で何が苦手なのかがわからなくなってしまう。そういう人は、じっくりと自分を見つめ直すこともない。その結果、私は毎年、才能ある若者が第3章で挙げた個人特性の要件のうちわずかしか備えていないのに、ゼネラル・マネジャーを目指そうとする姿を目にすることになる。逆に、そういう特性を持っているにもかかわらず、多大な責任や報酬を提示されて、自分の適性に合わない業界や会社に飛びつく人もいる。

何でもできます症候群は、業績に決定的なダメージを与えるうえに、才能に恵まれた人材のキャリアを傷つけ、つまりは成功方程式を台無しにしてしまう。しかし、これは治療可能な病気である。学生が自身の現実の姿を正しく評価するように仕向ければ、教育機関はその治療に役立つかもしれない。だが、ゼネラル・マネジャーの上司やゼネラル・マネジャー候補者のほうが、具体的な課題を与えたり日常的に接触したりしてこの問題を小さくも大きくもできるという点で、より役に立つであろう。

教育機関への教訓

今日、多くの大学が、企業のゼネラル・マネジャーとその候補者の能力開発を目指すプログラムを提供している。マネジャーにとって高度の学習の場が必要であるとはいえ、ビジネススクールのプログラムの現状をよく見ると、その効果については疑問を抱かざるをえない。

選抜方法を再考する

教育機関は、ゼネラル・マネジャーの育成にあたって、カリキュラム以上にとは言わないまでもそれと同じくらいに入学そのものを重視している。第3章で見たように有能なゼネラル・マネジャーの個人特性の発達は、誕生時点から始まる。大学院を受験する頃には、第3章に出てくる二五個の共通した個人特性のうち少なくとも一五の存在が明確となる。マネジャー対象のプログラムに応募する時点では、これらの個人特性はすでに完成している。それゆえ、有能なゼネラル・マネジャーの能力開発にあたって、教育機関が果たしうる重要な役割の一つは選抜となる。応募者の能力をさまざまな角度から評価し、有能なゼネラル・マネジャーとなる可能性が高い者を入学させることで、教育機関は、企業、マネジャー個人、社会全体に対して貴重なサービスを供給することができるのだ。

しかし、大半の教育機関が、この価値あるサービスを供給しているとは言いがたい。それどころか、応募者の能力をペーパーテストの得点と学部の成績だけで判別する。それらと将来のマネジャーとしての成否の間には何ら相関関係は見当たらないという論証[注11]がすでにあるにもかかわらず、である。新設のビジネススクールのいくつかは、授業料の支払能力だけで合否を決めるというありさまだ。エグゼクティブ向けのプログラムに至っては、選抜なしで受講料さえ納めればだれでも受講の許可が下りる。

今日では、もっと効果的で有用な選考方針が可能なので、すべてのビジネススクールには、入学許可について十分な注意とより多くの方策が必要だ。また選抜基準とカリキュラムでの成績、また就職してからの業績との間の相関関係について、研究する必要があるだろう。

カリキュラムの問題点

ゼネラル・マネジャー向けの教育プログラムのもう一つの問題はカリキュラムである。本調査から、カリキュラムは次のような内容に着目することが有効であると判明した。

- ゼネラル・マネジャーの職務の知的な側面と対人関係の側面
- 分析力と直観力
- 短期・中期・長期の活動と課題ならびに責任
- 上司・部下・同僚との間の人間関係
- ゼネラル・マネジャーの実際の行動とその理由
- ゼネラル・マネジャーの業績や満足度に差異が生じる原因
- 異なる状況下での差異の生じ方

しかし、実際には、これらの半分も行われていない。たとえば、対人関係には無関心で知的側面ばかりを強調する。分析力の強化には熱心だが直観力は無視する。中・短期の活動や責任を重視する。部下との関係には目を向けるが同僚との関係は軽視し、上司との関係に至ってはほとんど触れない。優れたゼネラル・マネジャーの実際の行動よりも、マネジャーはかくあるべしというだれかの理論ばかりを取り上げる。仕事への満足度は調査もされず、ゼネラル・マネジャーが置かれた状況の違いは度外視される、という具合だ。

これらは修正可能であり、不十分な点は検証が必要だ。たとえば、ゼネラル・マネジャーの対人関係や直観力については、理解は深まりつつあるものの[注12]効果的な教え方が判然としない。もちろん、直観力などは教えて身につくものではないが、だからといって無視してよい理由にはならない。むしろそのような性質のものは入学選考基準の一部に取り入れるなど、体系的に考慮されるべきである。

◉キャリア管理

教育機関は、本書でこれまで論じてきたようなアイデアを提示し、それを職場で実践させることで、ゼネラル・マネジャーやその候補者の能力を高めることができる。学生に対しては次のようにもっと具体的な手助けが可能であろう。

・ゼネラル・マネジャーとして十分な資質を持っているかどうかを評価する。

・自分に適した会社や業界を選べるようにする。
・キャリア形成における「成功方程式」を作り出させる。
・ゼネラル・マネジャーとしての業績を向上させる方法を習得させる。

しかし、教育機関の実態と理想は大きく乖離している。キャリアの形成は、当人の問題であり、教授陣の協力を取りつけるほどのことはないと考えているのだ。何か役立つことがある場合、それらはだれかのモデルか過去の例に基づいている。

今や学生が己を知り、自身の力でみずからのキャリアを築き上げる方法はたくさんある。一人の教授が一クラス三〇～七五人に対して教える大学の正規の授業にあっても、それは可能である。事実、私は一〇年間にわたってそのような授業で教えてきたが、[注13]効果は想像以上にあった。

視野を広げる

本調査のゼネラル・マネジャーは、困難な課題に一つの会社、一つの業界だけで対処しようとして、危機に直面している。有能なゼネラル・マネジャーでさえ、長年「井の中の蛙」でいると杓子定規な考え方や短絡的思考に陥りやすく、誤った見解や原則で凝り固まってしまうというわけだ。

それは、伝統的企業の年長のゼネラル・マネジャーの間で顕著に見られた。彼らは、アジェンダの設定と実行において不可欠な事業戦略などを変更できないものと考え、またネットワークを構築するうえで重要な組織づくりの構想を周囲に伏せるなどした結果、職務上必要な取り組みが後手に回った。

ゼネラル・マネジャーがこのような問題に陥らないように、教育機関は次のような機会を提供することで重要な役割を果たすことができる。

- さまざまな事業や企業の人々と接する。
- 多種多様な問題や可能性、アイデアなどを知る。
- 議論を通じて論理的思考を鍛える。

ゼネラル・マネジャーの育成に関するごく一般的な方法で、このような役割が果たせるとは思えない。二〜三日のセミナーでは多くのことを吸収できないし、既成概念を取り払うほどの効果は期待できまい。参加する受講者が同質的すぎるという傾向も好ましくない。多様な人々が参加するバラエティに富んだ比較的長期のプログラムこそが有用なのだが、多くの企業はゼネラル・マネジャーがこれを受講することについては消極的である。受講料が高いことや、職場とゼネラル・マネジャーの家族に対して、負担を強いることになりかねないと心配しているからだ。それはわからなくもないが、近視眼的な見方であろう。

経営の理論ならびに研究に対する教訓

マネジメントの理論と研究は、すぐには役立たなくても長期的に見れば、ゼネラル・マネジャーの業績向上に有用であることは間違いない。本調査は、そうした理論や研究の発展についても多くの示唆を与えてくれる。

ゼネラル・マネジャーの行動理論

ゼネラル・マネジャーの行動理論は次の四点に関して明確であり、相互に関連し合っている。

❶どのような仕事をしているか（仕事の内容）。
❷マネジャーが置かれた状況次第で、仕事にどの程度、またどのような点で違いがあるか。
❸なぜそのように行動するのか（個人特性や状況要因が行動スタイルに及ぼす影響）。
❹マネジャーの行動はどのような影響を及ぼすか（仕事が効率的で仕事や生活への満足度が大きいマネジャーとそうでないマネジャーの差異）。

このことは、ゼネラル・マネジャーの行動に関する優れた理論はどうあるべきかを教えてくれている。

- 少なくとも四分野の変数、すなわち個人変数（個人特性と経歴特性）、状況変数（職務、事業、組織）、行動変数、および成果変数（業績評価）は押さえておくべきである。マネジャーの行動に関する初期の研究が矛盾する結果や取るに足らない結果しか出せなかったという事実は、その理論にこれらの変数群が抜け落ちていたことに起因する。とりわけ状況要因に目を向けられていないために、マネジャーの個人特性[注14]を特定しようとする研究や、個人特性と業績[注15]、行動スタイルと業績[注16]をそれぞれ関連づけようとする研究は成果が非常に乏しい。
- 信頼に足る理論ならば、マネジャーの状況要因が非常に複雑で、多くの点で他の状況とは大きく異なる場合もありうることを認識していなければならない。二〇世紀における膨大な量のリーダーシップ研究が前進しなかった主たる理由の一つは、状況要因が考慮に入れられた場合でさえ、それを単純化しすぎた理論に基づいていたからであろう。[注17]
- 個人変数についても、優れた理論には経歴や個人史が考慮されなければならない。歴史的考察を無視したり軽視したりするような理論は変化や発展を見誤る。マネジャー育成に関する研究では、訓練が行動の変化を導くことはないとする。[注18]その主たる理由の一つは、訓練そのものに歴史観が不在で「その場限り」のマネジャー行動理論に依拠しているためである。

・しかるべき理論は、意思決定と実行の双方や、部下とマネジャーおよび、マネジャーとその他の人々との相互関係などゼネラル・マネジャーの行動のあらゆる側面を扱う諸変数、概念、関係を含む。マネジャーの行動様式に関する初期の研究に限界が見られるもう一つの理由は、マネジャーと部下という限定的な関係に、もっぱら焦点を合わせた理論に基づいていたためである。[注19]

・優れた理論には、一年内あるいは二四時間内など、異なる時間枠でとらえた行動の概念が含まれる。最近の研究結果と伝統的な理論の間に齟齬をきたす主な理由の一つは、行動をとらえる時間枠が異なることである。

研究課題について

本調査には何かを証明しようという意図はない。調査対象者は限られていたし、偏りが生じないよう努めたとはいえ、対象者の選抜と分析には限界がある。したがって、本調査の使命は、重要な諸変数や変数間の関係について、今後の研究で深く追究されるべきアイデアを生み出すことである。

マネジャーの行動に関する研究プロジェクトに含まれる課題のなかでは、次に挙げるものが最も重要である。

・マネジャーの職種・職位（マーケティング部門のマネジャーと財務担当マネジャー、中間管理職と駆け出しのマネジャーなど）に関連して、どのような責任、対人関係、要求が生じるか。それらは、ゼネラル・マネジャーの職種・職位によってどう違い、どう同じか。

・異なる条件下にある同種の職務の間で職務上の要求の違いをもたらす状況要因として最も重要なのは、事業規模や製品・市場の経過年数、業績水準か。それとも、製品・市場の多様性や文化などの要因のほうが重要か。

・有能なマネジャーの個人特性は、職務によってどの程度の違いがあるか。本調査でリストアップした個人特性は、あらゆるゼネラル・マネジャーに当てはまるか。

・有能なマネジャーの重要な個人特性は、時間と共にどのように培われるか。幼少期、学業期、キャリア初期の経験の相対的重要性はどの程度か。職務によって、成功するゼネラル・マネジャーには発達過程に違いがあるか。また、女性の場合はどうか。

・成功するゼネラル・マネジャーは、どのように思考し、意思決定し、アジェンダを設定するか。彼らの頭の中では何が起こっているのか。どんな思考のプロセスが、意識するにせよしないにせよ含まれているのか。職務や条件が異なれば、成功するゼネラル・マネジャーの間にその差が生じるか。それはなぜか。

・職務や条件が異なれば、ゼネラル・マネジャーがネットワークの構築と活用のために使う戦略や戦術も異なるか。その場合、どのような差異が生じるか。それはなぜか。また、個人のスキル、能力、性癖は、特定の戦略や戦術の使用と密接に関連するか。

・日常行動のパターンは、状況変数あるいは個人変数のどちらか一方だけで予測しうるか。それとも、相互作用の効果や媒介要因を常に考慮に入れなければならないか。

研究手法について

このような研究課題に対する関心を高めるには、長期にわたり通時的に複数の手法を用いて行うフィールド調査が必要であろう。その際、今日最も頻繁に使用される質問票だけに基づく手法への過度の依存を抑えることも要請される。残念ながら、質問票だけに基づく研究手法からフィールド調査に基づくそれへの移行は容易ではない。

私は、最近、ウィリアム・F・ホワイトの『ストリート・コーナー・ソサエティ』[注20]の補遺を読み返して、我々が、まったく異なる集団（ホワイトが調査したのはイタリア系アメリカ人スラム街の失業者を中心とした下層階級の人々）を、まったく異なる時期に（ホワイトの研究は一九三〇年代）研究し、しかも研究範囲が違っていた（ホワイトの研究のほうが大規模で、研究に要した時間も長い）にもかかわらず、共通点がいくつもあることを知って驚いた。ここで取り上げる主要な共通点は、フィールド調査による研究に関して重要な示唆を与えてくれる。つまり、なぜそのような研究を目にすることがないのか、単発の質問票への依存状態を打ち破るには何が必要か、についてである。

第一に、フィールド調査は時間がかかる。ホワイトは、着手から終了まで約四年に及んだ調査期間中、二年間はフル・タイムで研究をした。私は、開始してから終わるまで五年かかり、パート・タイムながらデータ分析に二年以上を費やした。フィールド調査でこのように長時間を要することは珍しいことではない。[注21]

若い研究者が長期的な研究プロジェクトに従事するには、時間も足りないし励みとなるものもない。事業組織における報奨制度のように、学界でのそれも短期的指標に偏りがちである。研究時間のすべてをフィールド調査に費やすような准教授に、大学の審査で昇進の最低必要条件である論文・著書のリストは提出できないであろう。

終身教授となった年長の研究者ならキャリアを気にせずフィールド調査ができるが、その頃には研究に関係のない、教育、大学行政、コンサルティング、家族といったしがらみが多くなり、フィールド調査どころではない。若き日のホワイトと異なり、もはや彼らには、数年間フル・タイムでフィールド調査に従事できるような暇がない。それ以上に、駆け出しの研究者であれば耐えられるような面倒や苦労を嫌う。[注22]

フィールド調査がかくも少ない第二の理由は、調査の対象と協力者の問題である。これを捜し当てるのはなかなか困難で時間がかかる。質問票を使えば一五～六〇分で学生や若手社員からの回答を得られるが、フィールド調査はそうはいかない。前者は身近な人々にわずかの協力を依頼すれば済むが、後者は接触しにくい人々の協力と関心を取りつけなければならない。したがって、調査対象を捜し出し協力してもらうには、それなりの心構えやスキルと同様に、時間や資源が必要になるのだが、多くの研究者はそれらを持ち合わせていない。

研究者の主たる能力といえば、思考力――概念化する能力、正確に見極め批判できる能力、厳密な論理性――である。対人関係力に長けている人が研究の道を進むことは少ないのだが、その能力こそ、フィールド調査の研究者に必要とされる能力である。

説得する技術が、社会科学系の大学院教育の一環を占めることはまずない。ハーバード・ビジネススクールのようにフィールド調査を重視する大学でさえ、調査対象を捜し当て、協力者の関心を引き出す方法を大学院生に常に体系的に指導しているわけではないし、以下に述べるような基本的問題を論じている研究手法に関する教科書も、私はまだ目にしたことがない。

❶尊敬されるリーダーがフィールド調査において果たす重要な役割

ホワイトは、ドックという人物がいたおかげで、会いたいと思う人々を捜し当て、接触できたことを述べている。ホワイト自身でさえ、その事実に驚いたほどである。「当時、私には、こんなことがありうるのかと信じられなかったが、ドックがいてくれたおかげで受け入れられたのだ。後から考えてみると、本当にドックの言う通りだった」[注23]。私自身の経験からも、ホワイトの言っていることは正しい。信頼できるゼネラル・マネジャーが、「君ならＯＫだ」と言ってくれた時、私は受け入れられたからだ。

❷「調査の趣旨の論理的な説明」の役割と人間関係

ホワイトが結論として述べるところによれば、「この地区で私が受け入れられたのは、どのような研究を行うかを説明したことではなく、私が育んできた人間関係のおかげであった」[注24]のである。ここでもまた、私の経験は似通っている。私が自分で行っている研究について（大学の同僚に説明するのと同じように）論理的に説明しようとすると、調査対象を捜し当てたりだれかの助けを得たりできないことが時々あった。

❸辛抱強く待つことの重要性と急いで直接質問をすることによって生じる問題

ホワイトは、ドックから教わった貴重な教訓も明かしている。「なあ、ビル。だれが、何を、なぜ、いつ、どこで、は控え目にしろよ。そんなにたくさん質問をしちまうんで、みんな口を閉ざすのさ。みんなが、あんたを受け入れりゃ、どこだってお出入り自由だし、そのうちには聞かなくたって答えてもらえるってものだぜ[注25]」。これも、私の経験したことと符合する。

調査対象を捜し協力を仰ぐには、研究者に能力があるのはもちろんのこと、調査対象の人々に受け入れられるだけの態度を備えていることも必要である。ホワイトは、その著書の中に描く人物の多くを心から好きだったし、彼らに受け入れられていたことは明白であるが[注26]、本調査におけるゼネラル・マネジャーの大半に対して私の抱いた感情も同様に明白であったかどうかは疑わしい。そのうえ、往々にして、研究者というものは経営者（あるいは権力の地位にある人ならだれでも）が好きではないし、信頼もしていない。こういう感情を持っているために、距離をおいた（つまり、質問票のみによる、あるいは、他の人々が収集したデータに基づく）調査をする以外には、経営者について研究することが難しくなるのである。

調査時間、調査対象の確定という問題に加えて、フィールド調査の数に限界がある第三の問題として、このような研究が、「科学」という伝統的な概念に沿った洗練された方法では成立しえないという点が挙げられる。たとえば、その概念によれば、優れた研究というものは、一部の計画的に調整された実験を除いて、研究者が研究対象に対していっさいの影響を与えてはならないという。ホワイトがドックの助けを借りて分析を行ったように[注27]（私の研究でも同様だが）、調査対象者と協力し合うことは非常識だと考えられている。さらに、科学的研究とは、計画通りに進行していくものとされているが、フィールド調査は流動的である。ホワイトの報告によれば、調査目的は時と共に変化し[注28]、データの収集と分析は複雑に絡み合っていた[注29]。同じことが私の研究にも当てはまる。それゆえ研究者は、「非科学的」なフィールド調査に尻込みするのである。

社会科学のフィールド調査が多くないのには、それなりの理由がたくさんあるのだ。同じような理由から、長期にわたる通時的な研究も限られてくる。本章で挙げた研究課題に沿って研究態度を改めたり、また、本調査が示唆するような種類の理論を発展させるつもりなら、我々は、これらの障害を克服する方策を見出さねばならない。壮大な挑戦となることは確実だが、それだけに、成果も大きいことだろう。

【注・参考文献】※邦訳は初出のみ記載

◉序章

1 Alfred D. Chandler,Jr., *The Visible Hand : the Managerial Revolution in American Business*, Harvard University Press, 1977（邦訳『経営者の時代』東洋経済新報社、一九七九年）。

2 マネジメントに関しては無数の文献がある。しかしそのほとんどは、組織における管理のプロセスや手法に関するものであり、マネジャーとはどのような人々か、彼らは何をしているのか、あるいは、なぜ彼らは他の人々よりも有能で成功しているのかについての考察ではない。たとえば、マネジメントの典型的な教科書 Robert L. Trewartha and M.Gene Newport, *Management*, Business Publications, 1976 には、業務意思決定システム、販売と生産管理、コミュニケーションと情報システムの項はあるが、マネジャーそのものやその行動や職務についての項はない。マネジャーに焦点を合わせた文献の多くも、ほとんどが規範的なもの（「マネジャーとは」と規定する類のもの）であり、つまりそれは、一般化された経験や一つの理論から演繹的に導き出されたもので、刺激的、示唆的ではあるものの、その価値が疑わしい。この点について詳細を知りたい方は、John P. Campbell, Marvin D. Dunnette, Edward E. Lawler III, and Karl E. Weick, Jr., *Managerial Behavior, Performance, and Effectiveness*, McGraw-Hill, 1970 を参照されたい。

3 現時点でマネジャーに関する最も興味深い調査の多くは、本書で報告されるような体系的調査からではなく、観察眼が鋭い個人や一つのケース・スタディからの総体的な観察と洞察によるものである。Peter F. Drucker, *Management*, Harper and Row, 1974（邦訳『マネジメント 上下』ダイヤモンド社、一九七四年）、*The Effective Executive*, Harper and Row, 1967（邦訳『経営者の条件』ダイヤモンド社、二〇〇六年）、Chester I. Barnard, *The Functions of the Executive*, Harvard

University Press, 1938（邦訳『新訳 経営者の役割』ダイヤモンド社、一九六三年）、Abraham Zaleznik, *Human Dilemma of Leadership*, HarperCollins, 1966（邦訳『経営の人間問題』評論社、一九六七年）、Douglas McGregor, *The Professional Manager*, McGraw-Hill, 1967（邦訳『プロフェッショナル・マネジャー』産業能率短期大学出版部、一九六八年）、C. Roland Christensen, Norman A. Berg, and Malcolm S. Salter, *Policy Formulation and Administration*, 1976、C. Roland Christensen, Kenneth Andrews, and Joseph Bower, *Business Policy*, 1978（いずれもRichard D. Irwin）を参照。

4 Sune Carlson, *Executive Behavior : A Study of the Work Load and the Working Methods of Managing Directors*, Stromberg, 1951.

5 Henry Mintzberg, *The Nature of Managerial Work*, Harper and Row, 1973（一九八三年にPrentice-Hallから再発行。邦訳『マネジャーの仕事』白桃書房、一九九三年）。

6 "Leadership: Beyond Establishment Views"（一九八〇年一〇月、南イリノイ大学カーボンデール校における第六回定例リーダーシップ・シンポジウム記録）一九頁。

7 ゼネラル・マネジャーという役職名をCEO（最高経営責任者）ないし社長を指すものとして使う人も多いが、本書においてはより幅広い定義とする。

8 私の知る限り、経営幹部をこれほど詳細かつ体系的に調査した研究者はいない。ミンツバーグはもっと少数（五名）に焦点を当てた観察に依拠している。マイケル・マコビーによる有名な調査をまとめた *The Gamesman*, Simon and Schuster, 1976（邦訳『ゲームズマン』ダイヤモンド社、一九七八年）は、マネジャーに焦点を合わせ、比較的短い一回限りのインタビューだけに依拠している。

9 このように少数のサンプルに基づく仮説は決定的な証拠を提示したことにはならない。繰り返し言うが、理論の証明が本調査の目的ではない。主たる目的は、重要な事柄についての暫定的な回答を引き出し、一般化することにあった。今回用いた方法論は、いくつかの現象について全体的かつ動態的にアプローチしようとする従来の方法に従っている。その優れた例としては、Daniel J. Levinson らによる *The Seasons of a Man's Life*, Alfred A. Knopf, 1978 がある。

10 氏名はすべて仮名である。

11 “The Profession of Management”, *The New Republic*, July 27, 1981.

12 これは他の研究結果とも一致する。たとえば、C. L. Shartle は、*Executive Performance and Leadership*, Prentice-Hall, 1956 において、ゼネラル・マネジャーに自身の行動について話してもらおうと試みている。

13 本書では、各章で参考文献を注記する。その理由はいくつかある。第一に、本書は企業の経営幹部と研究者にとって関心の高いテーマに絞ってあるからだ。そのうち研究者の関心が高いと思われる論点はこの注と第1章に収録した。第二に、経営幹部の仕事と行動についての文献の現状から見て、経営幹部の行動に関する比較可能な調査や理論だけを取り上げれば文献の検討は極端に短くなり、またマネジメントに関するあらゆる研究や関連する応用社会科学を取り上げれば極端に長くなってしまうからである。前者はさして意味がなく、後者には実践性がない。つまるところ、私は、「この分野について我々はほとんど無知である（おそらく、「一％」以上ぐらいなら知っているだろうが）」というミンツバーグの意見に賛成する。経験的ないし理論的に優れた研究がない分野での文献の検討は、百害あって一利なしだからだ。

◉第1章

1 私が最も影響を受けた本のいくつかを以下に記す。

- Henry Mintzberg, *The Nature of Managerial Work*, Harper and Row, 1973.
- Rosemary Stewart, *Managers and Their Jobs*, Macmillan, 1967.
- Leonard Sayles, *Managerial Behavior*, McGraw-Hill, 1964.

- John. P. Campbell et al., *Managerial Behavior, Performance and Effectiveness*, McGraw-Hill, 1970.

2 この他の私の研究のほとんどは次の五冊に収録されている。

- *Mayors in Action*, with Paul R. Lawrence, John Wiley & Sons, 1974.
- *Self Assessment and Career Development*, with Victor Faux and Charles McArthur, Prentice-Hall, 1978.
- *Organizational Dynamics*, Addison-Wesley, 1978（邦訳『組織革新の理論』白桃書房、一九八七年）。
- *Organization*, with Len Schlesinger and Vijay Sathe, Richard D. Irwin, 1979.
- *Power in Management*, AMACOM, 1979（邦訳『パワー・イン・マネジメント』白桃書房、一九八一年）。

3 “Studies of Managerial Work: Results and Methods,” Technical Report 9, Center for Creative Leadership, 1978の中で、Morgan McCall、Ann Morrison、Robert Hannanはまさにこのタイプの調査計画を議論し、次のように結論している。「ゼネラル・マネジャーの行動に関心があるなら、質問票によってそれを調べようとするのは間違っている。（中略）ゼネラル・マネジャーの責任（たとえば計画立案）が、彼らの日常生活の複雑で不規則な活動パターンの中にちりばめられていることを統合的に論ずるには、むしろ多数の方法を併用した研究計画のほうが有効である」。

4 一人のゼネラル・マネジャーは、私が最後に訪問する前に昇進した。別の例では、上司にインタビューすることができなかった。

5 職業集団の得点を五〇に定めるということは、多くの尺度で負の得点もありうるということである。

6 この質問票のこれまでの版について、ストロングは、テスト実施後一八年間にわたって職業尺度の予測値を検証した（E. K. Strong, Jr., *Vocational Interests 18 Years after College*, University of

Minnesota Press, 1955)。マッカーサーは、職業尺度の一四年間にわたる予測の有効性を示してみせた（Charles McArthur, "Long-Term Validity of the Strong Vocational Interest in Two Subcultures," *Journal of Applied Psychology,* 1954 : 346-533)。この研究および他の研究によって、以下に示す記述が現実に当てはまるという可能性が、平均すると三・五回につき一回であり、その的中率が二回につき一回から五回につき一回までの範囲内にあることが判明している。

a. 職業Xに従事し続けている人々は、他のどの職業への興味よりも職業Xへの興味の得点が高い。

b. 職業Xに従事し続けている人々は、他の職業に就いている人々よりも職業Xへの興味得点が高い。

c. 職業Xに従事し続けている人々は、職業Xから別の職業に代わった人々よりも、Xへの得点が高い。

d. 職業Xから職業Yに移った人々は、転職前にはXを含む他のどの職業における得点よりも、Yへの得点が高かった。

7 *Manual for the Strong-Campbell Interest Inventory,* Stanford University Press, 1974.

◉第2章

1 ゼネラル・マネジャーの職務をこのように概念化する方法は、実務的な管理慣行（Max S. Wortman, and JoAnn Sperling, *Defining the Manager's Job,* AMACOM, 1975を参照）と文献（Robert J. DeFillippi and Robert H. Miles, "Core Typology of Managerial Role Behavior", 1979［未公刊論文］を参照）に基づくものである。

2 Henry Mintzberg, Duru Raisingani, and Andre Theoret, "The Structure of Unstructured Decision Process," *Administrative Science Quarterly,* June 1976 : 250-251、C. Roland Christensen, Ken Andrews, and Joseph L. Bower, *Business Policy,* Richard D. Irwin, 1978.

3 Hugo E. R. Uyterhoeven, "General Managers in the Middle," *Harvard Business Review,* March-April, 1972、Joseph L. Bower, *Managing the Resource Allocation Process,* HBS Division of

Research, 1970.

4 Henry Mintzberg, *The Nature of Managerial Work,* Harper and Row, 1973.

5 Wickham Skinner and W. Earl Sasser,Jr., “Managers with Impact: Versatile and Inconsistent,” *Harvard Business Review,* November-December 1977、John J. Gabarro and John P. Kotter, “Managing Your Boss,” *Harvard Business Review,* January-February, 1980（邦訳「上司をマネジメントする」『DIAMONDハーバード・ビジネス・レビュー』二〇〇六年一一月号）、Rosemary Stewart, “To Understand the Manager’s Job: Consider Demands, Constraints, Choices,” *Organizational Dynamics,* Spring, 1976.

6 Hugo E. R. Uyterhoeven, “General Managers in the Middle,” *Harvard Business Review,* March-April, 1972.

7 Leonard Sayles, *Managerial Behavior,* McGraw-Hill, 1964.

8 Abraham Zaleznik, *Human Dilemma of Leadership,* HarperCollins, 1966、Hugo E. R. Uyterhoeven, “General Managers in the Middle,” *Harvard Business Review,* March-April, 1972、Wickham Skinner and W. Earl Sasser,Jr., “Managers with Impact: Versatile and Inconsistent,” *Harvard Business Review,* November-December, 1977を参照。

9 間接的には、職務、事業、企業が変わると、これ以外の要因から差異が生じうる。これらの要因のうち最も明白なのは、ゼネラル・マネジャー本人と就任期間である。つまり、ゼネラル・マネジャーの職務は静的なものではなく、生き物のように時間と共に進化するのである。詳しくは第4章ならびに第5章を参照されたい。

10 初期の研究としては、Alfred D. Chandler,Jr., *Strategy and Structure,* MIT Press, 1962（邦訳『経営戦略と組織』実業之日本社、一九六七年）、Joseph L. Bower, *Managing the Resource Allocation Process,* HBS Division of Research, 1970を参照。

11 統轄ゼネラル・マネジャーという職務は大企業に多いものだが、一九七九年七月時点ではフォーチュン五〇〇の三〇%の企業には見当たらない。Allen F. Juers, "The Group Executive," *Management Review*, March 1979を参照。

12 例外としてRosemary Stewartの重要な論文がある。

13 第2章注5のRosemary Stewartによる前掲書ならびに第2章注10のJoseph L. Bowerによる前掲書、John Child and Tony Ellis, "Predictors of Variations in Managerial Roles," *Human Relations* 26, 2, 1973: 227-250、Harold Stieglitz, "The Chief Executive's Job and the Size of the Company," *The Conference Board Record*, September 1970、Bruce R. Scott, "Stages of Corporate Development," Intercollegiate Case Clearing House, 1971を参照。

14 Paul Lawrence and Jay Lorsch, *Organization and Environment*, Harvard Business School, 1967（邦訳『組織の条件適合理論』産業能率短期大学出版部、一九七七年）、James Thompson, *Organizations in Action*, Prentice-Hall, 1967、Peter Blau, *On the Nature of Organizations*, John Wiley & Sons, 1974、Peter Grinyer and Masoud Yasi-Ardekani, "Strategy, Structure, Size, and Bureaucracy," *Academy of Management Journal* 24, 3, 1981を参照。

◉第3章

1 調査協力者が個人的なインタビューや質問票に専念できる時間には制限があったため、ストロング－キャンベル職業興味調査質問票だけを使用した。したがって、これらの論点の根拠は主にゼネラル・マネジャーを知る人々（ゼネラル・マネジャー一名につき約一〇人）に対するインタビューによるもので、観察、ゼネラル・マネジャー本人へのインタビュー、ストロング－キャンベル職業興味調査質問票の集計結果がそれを補った。

2 業績評価（評価方法については第1章の5を参照）が「優秀」のゼネラル・マネジャーの仕事に対する満足度（一～九段階）は平均八・五、業績評価が「かなり良好」は八・一、「良好」は六・〇であった。

3 同年代の他の人々より高額の所得を得ているゼネラル・マネジャーたちは、キャリアへの満足度（一〜九段階）が八・七であった。同世代の人々と所得が同程度の者は七・七、同年代の人々より少ない者は七・二であった。

4 この点についての最も明白な例外が、本調査では二人の企業家にあった。

5 詳しく述べると、彼らはすべての基本的な事業職能に関連した一つあるいはそれ以上の尺度に四〇点以上の得点を得た（ストロング－キャンベル職業興味調査質問票については第1章の3を参照）。これらの職能と、関連尺度は次の通りである。

- 財務――銀行家、投資資金マネジャー、会計士、クレジット・マネジャー
- マーケティングおよび営業――コンピュータ・セールス、生命保険外交員、セールス・マネジャー、仕入係、百貨店店舗販売、広告責任者、不動産業
- 業務――陸軍将校、海軍将校、購買部長、百貨店店長、商船上級乗組員
- 人事――人事部長
- 法律――弁護士
- 社外関係および政府関係――商工会議所会頭、行政管理者

6 ストロング－キャンベル職業興味調査質問票に関する私自身の経験によれば、このテストを受けた人々にこのタイプのパターンが観察されることは稀である。

7 これについて、こじつけのように思われるなら、RCA Corporation's Advanced Technological Laboratories の科学者たちが現在、一人の人間の脳は、国立公文書館にある情報の約一〇倍、『ブリタニカ百科事典』（*Encyclopaedia Britannica*）四〇万セット分と同等の情報を蓄積できると見積もっていることを想起していただきたい。

8 Thomas W. Harrell, *Managers' Performance and Personality*, Southwest Publishing, 1961, chap.

10、一九七二年五月五日のアメリカ経営学会東部部会における著名な経営学者 Edgar H. Schein の講演 "The General Manager: A Profile"、David McClelland, *Power: The Inner Experience*, Irvington, 1975, chap. 7 を参照。マネジャーの個人特性を概観しているものとしては、John P. Campbell, et al., *Managerial Behavior, Performance, and Effectiveness*, McGraw-Hill, 1970 を参照。

9 Edgar H. Schein がすでに指摘しているように、有能なゼネラル・マネジャーを配置する際の主な問題点は、ごく限られた人数の人々のなかにしかこの多様な特質が存在しないということであろう。*Organizational Psychology*, Third Edition, Prentice-Hall, 1980 : 131-132（邦訳『組織心理学』岩波書店、一九八一年）。

10 彼らが達成した成功の度合いは一九七八年度時点で次の通りである。二人の「優秀」なマネジャーの平均収入は一六万ドルであった（平均年齢四六歳）。六人の「かなり良好」な業績のマネジャーの平均収入は一二万ドル（平均年齢四四歳）、三人の「良好」な業績のマネジャーは一二万五、〇〇〇ドル（平均年齢五一歳）だった。

11 *Fortune*, May 1976 : 176-177.

12 *Management Review*, July 1979 : 15-20.

13 "The Chief Executive and His Job," *Studies in Personnel Policy*, No. 214, 1969.

14 "The Chief Executive: Background and Attitude Profiles," Arthur Young, 1980.

15 アトランタにおける一九七九年度経営学会にて配布された George Farris, "Executive Cohesiveness and Financial Performance of the Fortune 500" を参照。

16 "How Chief Executives Get to the Top," *Chief Executive*, December 1980.

17 経歴特性の多様性をさらに確証するには、第3章注8の Thomas W. Harrell による前掲書を参照。成功方程式については、Tim W. Hall, *Careers in Organization*, Goodyear, 1976、ならびに James

E.Rosenbaumによる経験的調査 "Tournament Mobility: Career Patterns in a Corporation," *Administrative Science Quarterly*, June 1979に詳しい。

18 Robert W. White, *Lives in Progress*, Holt, Rinehart & Winston, 1966.

19 *Business Week*, February 25, 1980 : 166.

20 特筆すべき例外は、Rosemary Stewartの以下の著作である。*Managers and Their Jobs*, Macmillan 1967、*Contrasts in Management*, McGraw-Hill, 1976、*The District Administration for the National Health Service*, with Peter Smith, Jenny Blake, and Pauline Wingate, King's Fund, 1980。その他にJames Hall, "Organizational Technology and Executive Succession," *California Management Review*, Fall 1976がある。

21 ゼネラル・マネジャーへの経歴に関するアンケートからみても、①ストレスが大きい、②現在までキャリア上高水準の成功をしている（昇進スピードが速い）、③勤務時間が長い、④就任して一年未満である（今なお昇進のスピードを増している）、⑤家庭や生活にあまり満足していない、などがすべて関連していることは明らかである。

22 "Migrant Managers: A New Road to the Top," *The Wall Street Journal*, July 17, 1980.

23 例外は、Bob Hayes and Bill Abernathy, "Managing Our Way to Economic Decline," *Harvard Business Review*, July-August 1980である。

◉第4章

1 Kenneth R. Andrews, *The Concept of Corporate Strategy*, Dow Jones-Irwin, 1971 : 18（邦訳『経営戦略論』産業能率短期大学出版部、一九七六年）。

2 私の先の研究（*Organizational Dynamics*所収）において、組織の行動について述べる際に、さまざまな時間枠（一日、一月、一年、一〇年）の中で行動の違いを区別することは有益なことであることが判明した。さまざまな概念や、さまざまな関係は時間の枠組みに左右される傾向がある。この結果は、本書でも当てはまるし、この章の組み立ての基礎になっている。

3 James B. Quinn, *Strategies for Change ; Logical Incrementalism*, Richard D. Irwin, 1980、Henry Mintzberg, *The Nature of Managerial Work*, Harper and Row, 1973、H. Edward Wrapp, "Good Managers Don't Make Policy Decisions," *Harvard Business Review*, September-October 1967、Charles Lindblom, "The Science of 'Muddling Through'," *Public Administration Review* 19, 1959 : 79-88、James G. March and Herbert A. Simon, *Organizations*, John Wiley & Sons, 1958（邦訳『オーガニゼーションズ』ダイヤモンド社、一九七七年）、Chester Barnard, *The Functions of the Executive*, Harvard University Press, 1939（邦訳『新訳経営者の役割』ダイヤモンド社、一九六八年）、Rosemary Stewart, "Managerial Agendas—Reactive or Proactive," *Organizational Dynamics*, Autumn 1979、Frank Aguilar, *Scanning the Business Environment*, Macmillan, 1967、Michael B. McCaskey, "A Contingency Approach to Planning: Planning with Goals and Planning without Goals," *Academy of Management Journal*, June 1974を参照。

4 John J. Gabarro, "Socialization at the Top — How CEOs and their Subordinates Evolve Interpersonal Contacts," *Organizational Dynamics*, Winter 1979、Jeff Pfeffer and Jerry Salancik, "Who Gets Power and How They Hold on to It," *Organizational Dynamics*, Winter 1977、John P. Kotter, "Power, Dependence, and Effective Management," *Harvard Business Review*, July-August 1977（邦訳「権力と影響力」『DIAMONDハーバード・ビジネス・レビュー』二〇〇八年二月号）、Melville Dalton, *Men Who Manage*, John Wiley & Sons, 1959（邦訳『伝統的管理の終焉』産業能率短期大学出版部、一九六九年）、Richard Pascale and Tony Athos, *The Art of Japanese Manage-ment*, Simon and Schuster, 1981（邦訳『ジャパニーズ・マネジメント』講談社、一九八一年）を参照。

5 John P. Kotter, *Power in Management*, AMACOM, 1979（邦訳『パワー・イン・マネジメント』

白桃書房、一九八一年)。

6 Tom Peters, "Symbols, Patterns, and Settings: An Optimistic Case for Getting Things Done," *Organizational Dynamics*, 1978、Jeff Pfeffer, "Management as Symbolic Action," *Research in Organizational Behavior*, 3, ed. JAI Press, 1981が注目に値する。また、Andrew M. Pettigrew, *The Politics of Organizational Decision Making*, Tavistock Publications, 1973、John P. Kotter, "Power, Dependence, and Effective Management," *Harvard Business Review*, July-August 1977も参照されたい。

7 私はどれだけの情報量を脳が処理しうるか、またそのうちのどれくらいが直観的に処理されるのかを考慮しながら結論を考えている。John D. Steinbruner, *The Cybernetic Theory of Decision*, Princeton University Press, 1974 : 92. を参照。

8 Sune Carlson, *Executive Behavior : A Study of the Work Load and the Working Methods of Managing Directors*, Stromberg, 1951、Thomas Burns, "Management in Action," *Operational Research Quarterly*, 8, 1957、Rosemary Stewart, "To Understand the Manager's Job: Consider Demands, Constraints, Choices," *Organizational Dynamics*, 1976、Michael Cohen and James March, *Leadership and Ambiguity*, McGraw-Hill, 1974、R. Dubin and S. L. Spray, "Executive Behavior and Interaction," *Industrial Relations*, 3, 1964 : 99-108、E. Brewer and J. W. C. Tomlinson, "The Manager's Working Day," *The Journal of Industrial Economics*, 12, 1964 : 191-197を参照。

9 Morgan McCall, Ann Morrison, and Robert Hannan, "Studies of Managerial Work: Results and Methods," Technical Report 9, Center for Creative Leadership, 1978を参照。この優れた報告書には、S・カールソンの一九五一年の草分け的著作に始まりミンツバーグやスチュワートらの近著に至るまでのさまざまな研究が要約されている。

10 Henry Mintzberg, "The Manager's Job: Folklore and Fact," *Harvard Business Review*, July-August 1975（邦訳「マネジャーの職務——その伝説と実際との隔たり」『DIAMOND ハーバード・ビジネス・レビュー』二〇〇三年一月号）、*The Nature of Managerial Work*, Harper and Row, 1973。

11 "Leadership: Sad Facts and Silver Linings," *Harvard Business Review*, November-December 1979.

◉第6章

1 本書は、企業あるいは大学で行われるような、ゼネラル・マネジャーの能力を向上させる試みではないので、これから述べることには限界がある。それでもなお、どのようなマネジャーの実践が優れた業績を促進あるいは抑制し、また学校教育や研究がこの点にどう貢献できるかについて多くの手がかりが得られるだろう。便宜上、本章における内容の多くは他章のそれより理論に傾きがちだが、マネジャーやマネジメントを教える者にとっては理論も非常に重要だからである。

2 *The New Republic*, June 27, 1981 : 27. より引用。

3 Herbert Meyer, "The Headhunters Come Upon Golden Days," *Fortune*, October 8, 1978 : 110.

4 この点について直接言及していると私が認識している唯一の調査も、同じ結論に達している。Y. K. Shetty and N. S. Perry, Jr., "Are Top Executives Transferable Across Companies? " *Business Horizons*, June 1976 を参照。

5 "More Companies Look within for Managers," *The Wall Street Journal*, October 28, 1980 : 37.

6 "Some Companies Try to Spot Leaders Early, Guide Them to the Top," *The Wall Street Journal*, February 25, 1981.

7 "Wanted: A Manager to Fit Each Strategy," *Business Week*, February 25, 1980 : 166-173.

8 コングロマリットとそれ以外の企業との業績比較研究については、Richard Rumelt, *Strategy*,

Structure, and Economic Performance, Harvard Business School, 1974（邦訳『多角化戦略と経済成果』東洋経済新報社、一九七七年）を参照。

9 トム・ピーターズは、高業績企業がまさにこれをやっていると見ている。"Putting Excellence into Management," *Business Week*, July 21, 1980 : 196-197 を参照。

10 差異がないことを示唆する研究と同様に、若手経営幹部と年長の幹部の間にどのような差異があるかについての情報が不足しているということもこの問題をよけいに大きくしている。たとえば、最近『エスクワイヤ』誌に掲載された論文は、全人口における離婚率が上昇しているにもかかわらず、実業界のトップたちは、「依然として最初の妻と結婚生活を送っている」ことを明らかにした。"No Divorce at the Top," *Esquire*, June 19, 1979 : 8 を参照。

11 Thomas W. Harrell, *Managers' Performance and Personality*, Southwest Publishing, 1961.

12 直観に関しては、Henry Mintzberg, "Planning on the Left Side and Managing on the Right," *Harvard Business Review*, July-August 1976、Roy Rowan, "Hunches Are More than Blind Faith," *Fortune*, April 23, 1979 、Michael B. McCaskey, *The Executive Challenge : Managing, Charge and Ambiguity*, Pitman, 1982 を参照。

13 *Self Assessment and Career Development*, Prentice-Hall, 1978.

14 Thomas W. Harrell, *Managers' Performance and Personality*, Southwest Publishing, 1961 中の同書の書評を参照。

15 John P. Campbell et al., *Managerial Behavior, Performance and Effectiveness*, McGraw-Hill, 1970 中のこの点に関する議論を参照。

16 前掲書を参照。

17 Ralph M. Stogdill, *Handbook of Leadership*, Free Press 1974 、Charles A. Schreisheim, James M. Tolliver, and Orlando C. Behling, "Leadership Theory: Some Implications for Managers,"

MSU Business Topics, Summer 1978.

18 第6章注15の Campbell et al. 前掲書の第一三章を参照。

19 Morgan McCall and Michael Lombardo, *Leadership: Where Else Can We Go?*, Duke University Press, 1978.

20 William Foote Whyte , *Street Corner Society*, University of Chicago Press, 1943（邦訳『ストリート・コーナー・ソサエティ』垣内出版、一九七四年）。

21 Fritz Roethlisberger and William Dickson, *Management and the Worker*, Harvard University Press, 1939、Henry Mintzberg, *The Nature of Managerial Work*, Harper and Row, 1973、Joseph L. Bower, *Managing the Resource Allocation Process*, HBS Division of Research, 1970.

22 第6章注20のホワイトの前掲書三一一頁を参照。

23 同二九三頁を参照。

24 同三〇〇頁を参照。

25 同三〇三頁を参照。

26 同三〇二頁を参照。

27 同三〇一頁を参照。

28 同三二二頁を参照。

29 同三一一頁を参照。

◉その他

- Richard Boyatizis, *The Competent Manager*, John Wiley & Sons, 1981.
- Charles Burck, "A Group Profile of the Fortune 500 Chief Executive," *Fortune*, May 1976.
- "The Conference Board Studies in Personnel Policy," *Chief Executive*, No. 214, 1969.
- Peter F. Drucker, *The Age of Discontinuity*, Harper and Row, 1969（邦訳『断絶の時代』ダイヤモン

ド社、一九六九年)。

- Peter F. Drucker, *The Practice of Management,* Harper and Row, 1954（邦訳『現代の経営 上下』ダイヤモンド社、一九六五年)。
- Fred E. Fiedler, *A Theory of Leadership Effectiveness*, McGraw-Hill, 1967（邦訳『新しい管理者像の探究』産業能率短期大学出版部、一九七〇年)。
- Jay Galbraith, *Organizational Design,* Addison-Wesley, 1977.
- Harry Levinson, *The Exceptional Executive*, Harvard University Press, 1968.
- K. Lewin, R. Lippit, and R. K. White. "Patterns of Aggressive Behavior in Experimentally Created Social Climates," *Journal of Social Psychology,* 10, 1939.
- Jay Lorsch and Steve Allen, *Managing Diversity and Interdependence,* Harvard University Press, 1974.
- Douglas McGregor, *The Human Side of Enterprise,* McGraw-Hill, 1960（邦訳『新版 企業の人間的側面』産業能率短期大学出版部、一九六六年)。
- David Riseman, "Huck Finn, Superman and the Business Establishment," *Wharton Magazine,* Winter 1979.
- Ralph M. Stogdill and A. E. Coons, *Leader Behavior: Its Description and Measurement,* Ohio State University, Bureau of Business Research, 1957.
- John A. Sussman, "Making it to the Top: A Career Profile of the Senior Executive," *Management Review,* July 1979.
- Victor Vroom and Phillip Yetton, *Leadership and Decision-Making,* University of Pittsburgh Press, 1973.

訳者あとがき

ゼネラル・マネジャーとは、いかなる存在か

本書*The General Managers*は、経営学における組織行動論の碩学、ジョン・P・コッターによる、事業統轄責任者《ゼネラル・マネジャー》についての研究をまとめたものである。コッターの経営学者としての第一歩はここから始まった。これまで、日本語版を読みたいという声を度々耳にしてきた。このたび装いを新たにお届けできることをうれしく思う。

ビジネス・リーダーは重要な働きをしているのに、実のところ、どのような人物が、どのような仕事をしていて、日々どのように過ごしているかについて、我々は十分な知識を持っていない。知りたいのは、CEO（最高経営責任者）、つまり社長や会長の数歩手前にいる上り調子の「旬の人」の、発想、行動、人となりである――新聞で見るのは、社長たちの話ばかりだ。

自分一人で仕事が完結するレベルから、部下を持つ管理職へとステップ・アップする点は一つの節目ではあるが、そうした道は多くの人が辿る。そこから職能分野のヘッド――工場長、研究所長、営業部長、経理部長や人事部長など――に昇進する際には選抜という関門を経なくてはならない。そして、次のステージでは、経営人材の選抜がなされ、最終的にそこからCEOが選ばれる。コッターが本書においで考察するゼネラル・マネジャーは、いわばCEOという頂上を見据える、〝八合目にいるビジネ

ス・リーダー〟なのである。

ゼネラル・マネジャーという職名は、日本企業で使われることは少ない。聞き慣れない方も多いことだろう。その職位は、経営者としてリーダーシップを発揮するまでの道筋（リーダーシップ・パイプラインと呼ばれる）における大きな脱皮ポイントである。リーダーシップ・パイプラインを出世街道と言ってしまえばそれまでだが、意外にも多くのミドル・マネジャーがこの事業統轄責任者《ゼネラル・マネジャー》に昇進したところで躓く。逆に、ここを乗り越えることができれば、よりスケールの大きなビジネス・リーダーに成長するといえよう。

別の見方をすれば、この八合目というポジションは、事業を俯瞰するうえで最適だ。頂上（CEO）までいくと雲がかかる。それでも、頂上を知りたい人には、ヘンリー・ミンツバーグの『マネジャーの仕事』（序章注5を参照）があり、課長などのミドル・レベルを知りたい人には、英国のローズマリー・スチュアートの*Managers and Their Jobs*（第1章注1を参照）などが存在する。ところが不思議なことに、一例を挙げれば事業部長を含む役員レベルの本格的研究は少ない。いまだに本書が、この分野の金字塔であるゆえんである。

本書をお薦めしたい読者層

本書は、まず、ミドル・マネジャーに手に取ってもらいたい。会社の成り立ちを制度や管理の面からではなく、リーダーシップという観点から知りたいという人にとって、本書はバイブルになるはずだ。

課長と部長の職務はどう違うのか、事業を統轄する立場になるとどのようなことが起こるのかを知ることは、単なる管理者から、事業に貢献する立場に脱皮するうえでも役立つ。

かつて、日本を代表する電機メーカーの元専務は、彼が統轄する事業本部の官公需営業を担当する部長層に対して、「人脈営業などと言って『売上げ目標の達成』だけに邁進する部長と、『事業として仕事を捉え実行する』ことを意識し始めている部長の違いを知ってもらいたかった」と語ってくれた。課長や部長層のミドルがその違いを悟り、自分の仕事を事業の経営としてとらえ始めた時がキャリアの「節目」であり、経営者に向けて「一皮むける」瞬間である。このような上司がどこの会社にもいるわけではないので、本書を読み込み、事業統轄責任者《ゼネラル・マネジャー》としてのアイデンティティを磨いてほしい。

第二に、新任の事業部長や、その配下の経営幹部候補である。事業統轄責任者《ゼネラル・マネジャー》の心得を、体系的な調査に基づいて描き出した書物はほかに見当たらない。間もなく事業部長になる人や事業部長になった直後で暗中模索している人に、準備すべきことや行動の指針を本書は示してくれよう。

第三に、経営幹部候補の選抜研修における必読文献として活用してもらいたい。トップに近づくということは、いったいどういうことなのか——後述するように、アジェンダ（具体的な将来計画）設定、ネットワーク構築、アジェンダの実行は、驚くほどに分刻みで働く事業統轄責任者《ゼネラル・マネジャー》の日常行動に大きな変化をもたらす。コッターは、多忙に振り回される人は、アジェンダが描けないのでなく、描いていないだけだと看破した。一人悶々と構想するのではなく、情報をくれる人、資源で支えてくれる人、時に抵抗もしそうな人などからなるネットワークを構築しつつアジェンダを描き出すことが肝要だと言う。

元シチズン・ホールディングス社長（現取締役相談役）の梅原誠氏は、「事業統轄責任者《ゼネラル・マネジャー》になった頃、本書に出会い、以降、忠実に、本書に書かれた通りのことを実行した」と述懐した。「経営者だけが経営者を育む」「ビジネス・リーダーでなければビジネス・リーダーを育成できない」と言われるが、それに従うなら、次世代の事業統轄責任者《ゼネラル・マネジャー》の鑑となるべき社長はもとより、すべてのビジネス・リーダーに、本書を読んでもらいたい。そして、それぞれの経験と内省を生かした次世代リーダーの育成を期待したい。

第四に、MBAプログラムの開発者である。MBAが経営人材育成に寄与するならば、ハーバード・ビジネススクールに倣い、「ゼネラル・マネジメント」という科目を設けるべきであろう。通常、ビジネス・スクールにおけるキャップストーン（高等教育の文脈では、カリキュラムの総仕上げの意味）科目は経営戦略である。神戸大学MBAプログラムにもゼネラル・マネジメントに相当する科目が組み込まれ、ハーバード大学で長らく教鞭を執った三品和広教授のもと、人気科目として定着している。MBA教育の一環として、とりわけEMBA（経営幹部クラス向けのMBA）の中核にこうした科目を据える必要性が高まる昨今、本書はビジネス・スクールの教科書としても最適だ。

第五の対象は、経営学、なかでも組織行動論に関心の高い日本の読者（願わくば、実践家でもあってほしい）に多いコッター・ファンである。組織行動論は、心理学をベースにその応用を図るのに適切であるとはいえ、個人の問題に終始しがちである。そのため、経営者の視点で見通すような組織行動論を展開する学者が非常に少ない――かくいう私も、ミクロの視点に留まりすぎだと反省している。経営者としてリーダーシップを発揮できる人材の「一皮むけた」経験の一連の調査を通じて、ようやく今、経営的視点が見えてきた。そんな視点を学ぶ宝庫となるのが、コッターの著作群だ。

本書は、コッターの実質的処女作といえる（第一作は市長の研究でポール・ローレンスとの共著）。本書は、コッターのその後の研究の萌芽を予期させる土壌となっていること、他の著作には見られない労力（とりわけデータ収集とデータ分析）をかけていることから、確かに私は「コッター経営学、本書で始まる」と断言できる。コッター・ファンが、コッター経営学の源流として本書を称賛するのももっともである。

アジェンダ設定、ネットワーク構築、実行の三段階

真に心ある学問分野となるために、経営学は、一部のエリートを生み出す学問でなく、働くすべての人の幸せを扱う学問であってほしい。経営学本来の使命が、個人の幸せよりも会社の繁栄（長期的に利益を安定させること）にあるとしても、経営の問題はつまるところ、働く人の問題であると私は考える。だが、働く人の幸せや満足は心理学や社会学の課題であり、経営学の専門ではないと言われてきた。ならば、人の問題を、人の成長につなげて考えてみたい。その視点から、ビジネス・リーダー（事業統轄《ゼネラル・マ》責任者《ネージャー》）の成長する道筋を研究すると、経営学における組織行動論の意義がよくわかる。

さらに言えば、一人ひとりが元気に働いていても、会社や事業が傾けば、そこで働くあらゆる人（あわせて、その会社の製品やサービスを受け取る人）の幸せもなくなってしまう。その意味で、ビジネス・リーダーは、職場レベルを超えて、より多くの人々に幸福をもたらす人材である。では、その仕事とは何であろうか。

コッターは、❶アジェンダ設定（agenda setting)、❷ネットワーク構築(network building)、❸ネットワークを活用したアジェンダの実行（execution）の三点を指摘する。これらは、重なり合いながら進行していくので、アジェンダを設定してからネットワークを構築するというよりは、ネットワークを構築するうちにアジェンダが徐々に姿を現すというのが一般である。ネットワーク内の人物に質問や確認をすることが、アジェンダの実現につながることもある。

アジェンダとは、基本的には将来の構想（戦略、ビジョンなど）を指す。それは、全社的計画とは別に、長期的なもの（三年の中期計画に対し、一〇年先までの見通し）もあれば、短期のもの（エレベータでばったり会った人と会話を交わすなかで生じる、数日から一週間の見通し）もある。それらはすべて、たとえば事業部長の頭の中に描かれる。経営企画室などが作る論理的で厳密な計画に対し、事業部長の描くそれは、ゆるやかで柔軟な〝目標や計画のごった煮〟ではあるが、だからこそ、偶然、だれかと会った時、彼らは命令や指示ではなしに、さまざまな味のある質問や励ましができるのだ。それがまた、アジェンダの実現性を高めもする。

ネットワーク構築は、アジェンダ設定との相乗効果が大きい。今後の事業展開において有益な情報、予算などの資源、あるいは熱意や使命感を持つキーマンを総動員する仕組みをつくることができれば、速やかな実行を図れる。第三段階の実行は、最後まで逃げずにとことんやり抜くという意味での実行《エクシキューション》である。これは、アジェンダ設定とネットワーク構築にも増して重要である。

本書のコッターの研究においては、アジェンダ設定とネットワーク構築による事業統轄責任者《ゼネラル・マネジャー》クラスのリーダーシップ論だけに主眼を置いている。しかし、私自身の体験から言えば、それよりも重要なことが二つある。すなわち、❶アジェンダ設定とネットワーク構築は独立しているわけではない、❷実行段階の重要性を軽視してはならない。このことをぜひ覚えておいていただきたい。

フィールド（現場）調査でありクリニカルな（現場で役立つ）立場がハーバード流

本書はまた、ハーバード・ビジネススクールの調査に対する考え方をよく表している。ここでは四点挙げておこう。

第一に、対象に深く入り込むフィールド調査という点から言えば、コッターがみずからの手法をウィリアム・F・ホワイトによる都会（ボストンのノースエンド）の人類学的調査方法になぞらえている点が興味深い。質問票調査《サーベイ》は大量のデータ収集による精緻な統計的分析が可能で、仮説検証には向いているが、より確実な仮説を立て、新しい概念を探し当てるには、現場に密着した観察が重要となる。

本書における調査は、対象者が一五人に限定されているとはいえ、本人と周囲の人々へのインタビューをはじめ、職業上の関心や家庭環境を調べる質問票、観察、内部記録文書など分析データだけでも膨大な量にのぼる。調査対象者を二日ずつ三回訪ね、丸三日間行動を共にしたケースもある。一人当たり三回から五回のインタビューを行い、周囲の人々計二〇〇人、一人当たり一三人にインタビューしている。これは並大抵のことではない（私もフィールド調査を行うが、丸一日同行する許可を得るのは難しいし、実施も緊張を伴う）。

第二に、ビジネス・リーダー本人にも、リーダーを育成したい人にも役に立つ調査となっている。コッターは、このフィールド調査によって初めて得た洞察や知見、たとえば、アジェンダ設定とネットワーク構築、実行というとらえ方や、一見すると非合理的な事業統轄責任者《ゼネラル・マネジャー》の行動に潜む合理性の解明・解釈などを実に見事に提示した。こうした研究成果は、並の学術書なら非常に読みづらくなるところだが、コッターは論点を整理し、図表にまとめている。かつて実際の経営者がしたように、本書を熟読すれば、事業統轄責任者《ゼネラル・マネジャー》として困った時、大きな力を得ることができるだろう。

リーダーシップにまつわるあらゆる現象は、実は個々の特定の脈絡のなかにあり、また、リーダーシップを発揮する事業統轄責任者《ゼネラル・マネジャー》一人ひとりには個性があって、それぞれ特定のコンテクスト（脈絡）のなかで仕事をしている。その点でも、本書は、十把一絡げに現象を見るのではなく、一五人という小サンプルではあっても、個別に掘り下げた調査を通じて共通点を浮き彫りにすると同時に、職務特性や個人特性に応じた相違点もクローズアップしている。これが、ハーバード流フィールド・ワーク第三のポイントだ。

第四が、調査対象者や協力者、読者などに役立つ臨床的《クリニカル》な知を生み出そうという意欲である。コッターの初期研究には、その特徴が如実に表れている。さらに言えば、調査対象者の人となりや置かれた状況の違いがもたらすものに注意が向かないなら、臨床的な経営学者にはなれないということだ。共訳者である加護野忠男神戸大学教授が、若き日に、ハーバード・ビジネススクールで日米企業の比較データを集めて帰国した際、開口一番こう語った言葉を思い出す。「ハーバードでは教育も研究も、クリニカルだ」。

コッターの組織変革の研究には、臨床的な姿勢が貫かれている——かく言う私も、学部時代には河合隼雄先生、留学中にはエドガー・H・シャイン先生から、クリニカルな姿勢で調査対象者に接することを教えられたが、本書を再読して、あらためてそのことを肝に銘じた。現場に入り込んでの調査なのだから、どうか、一五人しか調べていないじゃないかとは言わないでほしい。質問票で一万人、一〇万人のマネジャーを調べてもわからないことだって確かに存在するのだから。

日本におけるゼネラル・マネジャーの育成

最後に、将来について展望したい。中高一貫校を共に過ごした学友が、五〇歳を過ぎて日本を代表するグローバル企業のCEOに就任した。それは、同期生の間で、ごく自然な喜びだった。彼の同僚でもある同期は「君を誇りに思う」と言い、医者になった同期は「偉くなるのもいいが、健康を大切に」というメッセージを送った。同期というのは、つくづくありがたい。私は経営学者であるから、多くの名経営者に会い、一皮むけた経験とその経験からの教訓に長らく耳を傾けてきた。偉大な経営者と言われる人たちにも会ってきた。学友が、いまそのステージに達していることに感動する。

今後、志高く道を逸れずに、いい仕事を続けていける人材の輩出を目指すうえで、経営教育における企業倫理や社会全般における啓蒙は必要だろう。しかし、もっと大切なことは、ビジネス・リーダーとなったあとの自身の姿を直視することであると、本書を手にしながら私は確信している。そして、コッターが本書を世に出して二七年を経過した今なお、本調査に相当する研究が日本から発表されていないことは由々しい欠落であると感じると共に、私を含む日本の経営学者にとっての戒めともしたい。本書の発行を機に、わが国でも同種の調査が、新発見を伴って若い世代から成されることを期待し、また、そのような研究の一翼を担えればと思う。

最近、訪問先の企業で、事業統轄責任者《ゼネラル・マネジャー》の育成を体系化、加速化したいという声をよく聞くが、座学（研修やEMBA）に頼るばかりでは、事業統轄責任者《ゼネラル・マネジャー》の育成は生まれない。仕事上の経験や直接薫陶を受けた人の言動を通じてでなければ、次世代の事業統轄責任者《ゼネラル・マネジャー》の育成はおぼつかない。一つの提案は、参加者に、自身の経験の内省や薫陶を受けた人の言動の観察から得た教訓を披瀝したり、修羅場をくぐってきた人の体験談を聞いたり、また、そのような人の下で経験を積んだりといったことをしてもらう研修であろうか。

加えて言えば、ビジネス界のみならず、この国の政治や行政の世界にリーダーが不足しているのだとしたら、コッターの第一作が市長の研究であったごとく、我々経営学者にも学際的な課題設定の努力が必要であろう。松下幸之助が松下政経塾を起こしたのも、ビジネスの世界以上に、政治経済の場でのリーダー不足を危惧したからではなかったか。今は名誉教授のコッターが、ハーバード・ビジネススクールでかつて松下幸之助記念講座のリーダーシップ担当教授であったことは偶然ではなかろう。

本書が契機となって、日本のあらゆる組織のさまざまな階層のリーダーたちが、ゼネラル・マネジャーの職務とビジネス・リーダーとしての実践的視点を備える日が来ることを切に願っている。

二〇〇九年三月

金井壽宏

［訳者］

金井壽宏（Toshihiro Kanai）

神戸大学大学院経営学研究科教授。1978年京都大学教育学部卒業。80年神戸大学大学院経営学研究科博士前期課程、およびマサチューセッツ工科大学博士課程修了。神戸大学経営学部教授を経て、99年より現職。専門は経営管理・経営行動科学。著書に『変革ミドルの探求』(白桃書房)、『働くみんなのモチベーション論』(NTT出版ライブラリーレゾナント)、『ひと皮むけるためのあったかい仕事力相談室』（千倉書房)、『リーダーシップ入門』（日本経済新聞社）など多数。

加護野忠男（Tadao Kagono）

神戸大学大学院経営学研究科教授。1970年神戸大学経営学部卒業。73年同大学経営学部助手、79年同助教授、88年同教授。99年より現職。専門は経営戦略論・経営組織論。著書に『経営組織の環境適応』（白桃書房)、『組織認識論』（千倉書房)、『日本型経営の復権』（PHP研究所)、『「競争優位」のシステム』（PHP研究所）など多数。

谷光太郎（Taro Tanimitsu）

大阪成蹊大学現代経営情報学部教授。1963年東北大学法学部卒業。同年三菱電機株式会社入社、LSI開発研究計画部参事などを経て、94年山口大学経済学部教授。2004年より現職。著書に、『半導体産業の奇跡』(日刊工業新聞社)、『情報敗戦』(ピアソン･エデュケーション)、『米軍提督と太平洋戦争』（学習研究社）など多数。

宇田川富秋（Tomiaki Udagawa）

1975年東京大学法学部卒業。株式会社フジクラ総務部長等を歴任。

［著者］
ジョン P. コッター（John P. Kotter）
ハーバード・ビジネススクール名誉教授。リーダーシップ論を担当。マサチューセッツ工科大学とハーバード大学を卒業後、1972年から経営学の殿堂ハーバード・ビジネススクールで教鞭を執り、1980年、当時としては史上最年少の33歳でハーバード大学の正教授に就任。1990年、松下幸之助記念講座リーダーシップ教授に就任したことで、20世紀を代表する企業家、松下幸之助の評伝をリーダーシップ論の視点で描いた（*Matsushita Leadership*, 1997、邦訳『幸之助論』ダイヤモンド社、2007年）。現在、*John P. Kotter on What Leaders Really Do*, 1999（邦訳『リーダーシップ論』ダイヤモンド社、1997年）と*Leading Change*, 1996（邦訳『21世紀の経営リーダーシップ』日経ＢＰ社、1997年。2002年に改題され『企業変革力』）は世界的なベストセラー。他に、*Power and Influence*, 1985（邦訳『パワーと影響力』ダイヤモンド社）、*A Force for Change*, 1990.（邦訳『変革するリーダーシップ』ダイヤモンド社）など著書多数。

J. P. コッター　ビジネス・リーダー論

2009年３月12日　第１刷発行

著　者――ジョン P. コッター
訳　者――金井壽宏／加護野忠男／谷光太郎／宇田川富秋
発行所――ダイヤモンド社
〒150-8409　東京都渋谷区神宮前6-12-17
http://www.diamond.co.jp/
電話／03･5778･7228（編集）　03･5778･7240（販売）

装丁――――デザインワークショップ・ジン
編集協力――佐藤まり
製作進行――ダイヤモンド・グラフィック社
印刷――――信毎書籍印刷（本文）／加藤文明社（カバー）
製本――――ブックアート
編集担当――榎本佐智子

ISBN 978-4-478-00579-8